Gewidmet meiner Frau Gabriele Mohr und
unserer Lebensgefährtin Morena

Unsere Natur schreit nach Zukunft:
herzzerreißend.

Sie wird sie bekommen, sogar rosig.
Denn sie ist dabei,
endlich ihre »Mörderbande«
abzuschütteln: uns.

PETER BERTHOLD

HILFESCHREI DER NATUR!

WAS WIR NOCH TUN KÖNNEN – DIE LETZTE CHANCE FÜR UNSERE GESCHUNDENE ERDE

FREDERKING & THALER

HILFESCHREI DER NATUR

Überlebenshilfe
für sie und uns

RÜCKBLICKE

Vom traurigen Zustand unserer Natur heute

Ob sich unsere Mitlebewesen um ihre Zukunft Gedanken, gar Sorgen machen können oder in jeden neu geschenkten Tag einfach nur wie gewohnt hineinleben, ohne sich über ein Morgen bewusst zu sein, wissen wir nicht. So etwa, ob einem vitalen Hund, der als Partner an ein zunehmend klappriger werdendes Herrchen gebunden ist, allmählich »bange« werden kann im Hinblick auf die kommenden Wochen, Monate oder gar Jahre oder eher nicht.

Bei uns ist das anders. So weit wir in unserer Kulturgeschichte zurückblicken können, haben unsere Vorfahren genauso wie wir die Zukunft im Visier gehabt: mit Visionen, auch bedrängt von Zukunftsängsten, wie etwa im Hinblick auf eine von nicht wenigen befürchtete Sintflut sowie beschäftigt mit möglichen Vorkehrungen dagegen. »Unsere Kinder und Enkel sollen es einmal besser haben als wir« ist die wohl am meisten verbreitete unserer in die Zukunft gerichteten Perspektiven – selbst bei denen, die zeitlebens wie die Axt im Walde gewirkt und damit die Zukunft ihrer Nachkommen selbst bereits verspielt haben. Aber auch Letzteres war kein Problem, denn bis in die 1950er-Jahre galt: Nicht nur die Zeit, sondern auch Mutter Natur heilt alle Wunden. Sie, die Unermessliche, Unerschöpfliche, konnte von uns hie und da zwar »angekratzt« werden, etwa durch Müllkippen und Verunreinigung von einem Teil ihrer kristallklaren Gewässer, durch Schadstoffbelastungen mancher ihrer gesunden Böden oder durch Verschmutzung lokaler Bereiche der Atmosphäre. Aber es stand außer Frage: Durch die ihr zugeschriebene Allmächtigkeit und unermüdliche Fürsorge konnte man sich absolut darauf verlassen – Mutter Natur wird's schon wieder richten, egal, wie rücksichtslos man mit ihr umging.

Dann aber, ab den 1960er-Jahren, wurde recht schnell und immer deutlicher klar: Mutter Natur – im Sinne der für unser Leben und Überleben erforderlichen Umweltbedingungen – ist nicht mehr die unverletzbare Allmutter, in deren Schoß wir allzeit geborgen sind, abgesehen von kleineren vorübergehenden Blessuren wie da mal einer Überschwemmung, dort einer Feuersbrunst usw. Vielmehr machte sich eine zutiefst erschütternde Erkenntnis breit: Viele der von uns als fortschrittlich und zukunftssichernd gedachten Maßnahmen setzten unserer natürlichen Umwelt dermaßen zu, dass die Verletzungen als irreparabel erschienen.

Kurz vor zwölf

Im Zuge dieser Feststellung entwickelte sich auch eine gänzlich neue Terminologie mit Begriffen, die jeder für sich schon wie Schreckgespenster wirken: Luftverschmutzung, Trinkwasserverseuchung, Waldsterben, Meeresspiegelanstieg, Überfischung, Umkippen von Gewässern, Sinken des Grundwasserspiegels, Versiegen von Quellen, Versteppung, Zersiedlung, Verkehrschaos, Artensterben, Klimakatastrophen, Wüstenbildung, Flüchtlingsströme, Hungertsunami ... Damit war klar: Mutter Natur ist nicht mehr nur angekratzt, sie ist schwer angeschlagen. Und inzwischen – 2023 – liegt sie, um im Bilde zu bleiben, längst auf der Intensivstation, im Koma, hängt am Tropf, und bei der Behandlung, die wir ihr derzeit angedeihen lassen, ist völlig offen, ob sie sich jemals wieder zu einer uns umsorgenden Mutter wird erholen können.

»Glühwürmchen« sind keine Würmer, sondern Leuchtkäfer – Käfer mit Leuchtorganen für die Kommunikation, die bei uns leider durch exzessive Landnutzung sehr selten geworden sind.

Mit dem Zweiten Weltkrieg, der Entwicklung von Atombomben und ihrem unfassbaren Einsatz in Hiroshima und Nagasaki entstand ein noch schlimmeres Szenario: Mit Atombomben hat der Mensch nun ein Instrument zur Verfügung, mit dem er das »gesamte Leben« auf der Welt und damit auch jegliche für uns erforderliche Umwelt schlagartig zerstören kann. Also nach dem Drücken einiger roter Knöpfe womöglich die Apokalypse – Weltende, die Erde ein totes Gestirn wie Mars oder Mond.

Heute, vor allem nach Tschernobyl, wissen wir: Mit Atomkraft können wir zwar unseren, also den für Menschen erforderlichen Lebensraum zerstören, eventuell auch den größten Teil der Menschheit ausrotten, nie und nimmer aber das ganze Leben auf Erden vernichten. Im Gegenteil: Nach einem atomaren Holocaust hätten die vielen, etwa in den tiefsten Tiefen der Weltmeere verbliebenen Lebewesen eine neue Evolutionsbasis, von der aus sie gänzlich ungestört in Hülle und Fülle neue Formen entwickeln könnten. Für uns mag das interessant sein, ist aber wenig tröstlich, denn es beschreibt das Szenario einer Ära nach dem *Homo imperfectus*. Dann wirkt es schon eher zumindest etwas beruhigend, dass sich die Beherrschung von Atomkraftwerken im Laufe der Zeit verbessert, die Gefahr atomarer Kriege verringert hat und dass einige Länder inzwischen auf Atomkraft zur Energiegewinnung sogar verzichten. Aber es bleibt genügend Apokalyptisches übrig. Der derzeitige Zustand von Mutter Natur erfordert, dass wir uns erstmals in der Geschichte der Menschheit nicht nur Sorgen um unsere eigene Zukunft, sondern vor allem auch um die unserer Allmutter – also der gesamten Natur – machen müssen. Galt bis um 1950: Natur *hat* Zukunft (sozusagen von Natur aus, immer, wie selbstverständlich und damit auch in sie eingebettet wir und unsere Nachkommen), muss es heute heißen: Natur *braucht* Zukunft – jedenfalls die, die uns als Mutter Natur wie gehabt auch künftig verlässlich am Leben erhalten könnte. Denn *unsere* Zukunft braucht Natur, viel Natur, sonst hätten wir keine Zukunft. Und inzwischen haben wir unserer Natur so lebensbedrohlich zugesetzt, dass sie geradezu nach Zukunft schreit. Damit sind wir erstmals in der Menschheitsgeschichte gefordert, unserer todkrank gemachten Versorgerin wieder so auf die Beine zu helfen, dass sie ihre verlässliche Mutterrolle für uns überhaupt wieder übernehmen könnte. Wahrlich eine Mammutaufgabe – und sicher die größte, die die Menschheit je vor sich hatte. Schließlich ist Mutter Natur derzeit an allen Ecken und Enden unserer Erde millionenfach verletzt – und nun sollen wir sie aus diesem Zustand wieder aufpäppeln! Ob das gelingen kann, weiß derzeit keiner. Und die Zeichen dafür stehen – gelinde gesagt – nicht gut. Alles, was bisher zur Gesundung und Stabilisierung einer für uns unbedingt erforderlichen Umwelt unternommen wurde, ist absolut unzureichend. Das gilt für verlässliche Nachhaltigkeit in Industrie, Land-, Forst- und Wasserwirtschaft, für die vorausschauende Nutzung von Rohstoffen, Eindämmung zerstörerischer Klimaentwicklungen ebenso wie für Lösungen des Hauptproblems: der immer noch ungebremsten Bevölkerungszunahme. Über Letztere wird – abgesehen von Regelungen in China – bis auf seltene Ausnahmen (etwa im Club of Rome) kaum ernsthaft diskutiert, geschweige denn zukunftssichernd geplant. Ein interessanter Ansatz ist die in einer Reihe von Ländern angelaufene »Birthstrike«-Bewegung – Verzicht auf Kinder als Klimaschutzmaßnahme (auch Antinatalismus genannt). Aber sie dürfte kaum nennenswerten Einfluss auf die derzeitige Bevölkerungsentwicklung nehmen. Und auch im Hinblick auf die »einfacheren«, oben genannten Probleme als Folge unserer Massenvermehrung sind zukunftsweisende Rettungs- und Verbesserungsmaßnahmen durchweg erschreckend halbherzig, aussichtsarm und zum Teil sogar absurd. Völlig irrational etwa ist die

Forderung von der »Fridays for Future«-Bewegung nach rascher Klimaneutralität in Deutschland. Selbst wenn wir in unserem Land sofort alle industriellen, landwirtschaftlichen und sonstigen Aktivitäten einstellen und sich alle 80 Millionen Einwohner wie stoffwechselfreie Viren verhalten würden, könnte dadurch der derzeitige globale Temperaturanstieg nur um Bruchteile von einem Grad Celsius reduziert werden. Kein Wunder – das winzige Deutschland ist einfach zu klein, um das Weltklima effektiv zu beeinflussen. Und solange China, Indien, die USA und viele weitere Länder nicht aufhören, der Erde ordentlich einzuheizen, können wir im Hinblick auf eine zunehmend gefährlicher werdende Erderwärmung so gut wie gar nichts ausrichten. Besserung ist nicht in Sicht, und so hat – wenig überraschend – der Weltklimarat in seinem Bericht 2022 mitgeteilt, dass inzwischen bereits etwa die Hälfte der derzeit lebenden Menschheit durch den Klimawandel existenziell bedroht ist.

Blick nach vorne

Aber etwas anderes könnten wir: Durch umgehend eingeleitete Maßnahmen wie generell ökologisch ausgerichtete Landwirtschaft, Beendigung des Flächenverbrauchs (Umbau statt Neubau), Umstellung vom Prinzip Wachstum auf Nachhaltigkeit und vieles mehr ließen sich Umweltzerstörungen, Artensterben usw. rasch beenden, und Deutschland könnte in wenigen Jahrzehnten wieder ein »blühendes Land« sein – voller wild lebender Tiere und Pflanzen – und vor allem ein Land mit echten Perspektiven für die nachfolgenden Generationen. Natürlich stünden einem solchen Ansinnen sofort die EU, die Globalisierung, die Weltwirtschaft u. a. m. entgegen, aber sei's drum – hier würde sich auch jeder Alleingang lohnen. Denn im Gegensatz zum Drehen am Weltklima könnten wir mit einer durchgreifenden Reökologisierung auf unserem Grund und Boden wieder eine Art Insel der Glückseligen schaffen, wie wir sie bis in die 1950er-Jahre gehabt haben – dazu als Mutmacher für Gutgewillte gegen Ende des Buches mehr!

Könnten wir eigentlich alle, ab sofort – aber können wir leider nicht! Da bisher nur wenige Prozent der Bevölkerung begriffen haben oder wahrhaben wollen, dass wir in Deutschland weltweit längst keine Umwelt»krise« mehr haben, sondern schon lange an unser Überleben bedrohenden Umweltkrankheiten aller Art leiden, wird es keiner Regierung möglich sein, entsprechende Maßnahmen in Gang zu bringen und wie erforderlich rigoros durchzusetzen. Selbst Regierungsbeteiligung der »Grünen« bringt da, wie wir etwa in Baden-Württemberg sehen, nur Kümmerliches zustande: einiges im direkt auf uns bezogenen Umweltschutz, aber so gut wie nichts im Hinblick auf Wiederaufbau von Artenvielfalt, also Naturschutz – unserer einzig möglichen Überlebensversicherung (Berthold 2017, Pietschmann 2015).

Dieses eklatante Unvermögen in Bezug auf Umweltsanierung ist – wie schon Konrad Lorenz betonte – nicht verwunderlich. Wir waren nämlich in unserer Evolution bis vor wenigen Jahrzehnten gar nicht gefordert, Fähigkeiten für zukunftsorientierten Natur- und Umweltschutz zu entwickeln – dafür gab es gar keinen Selektionsdruck. Unsere in Höhlen hausenden Vorfahren mussten in ihren rund 30 Lebensjahren zwar Sorge tragen, dass sie nicht Höhlenbär oder Säbelzahntiger in die Quere kamen und zudem Fähigkeiten entwickeln, Beutetiere leichter zu erlegen und deren Fleisch immer besser zu horten usw., aber um ihre Umwelt mussten sie sich nicht kümmern – die war einfach da und immer in Ordnung. Wenn sie etwa ihre paar Abfälle in einen Bach neben ihrem Lager warfen, musste sich niemand Gedanken machen, ob dadurch der Fischbestand oder bei ein paar mehr erlegten Tieren der Wildbestand abnehmen könnte. Für sie war Natur unerschöpflich – ihre Allmutter. Wie hilflos selbst der heutige »hochzivilisierte« Mensch daher

fundamentalen und auch selbst verursachten Umweltveränderungen wie etwa der Klimaerwärmung gegenübersteht, zeigt das Beispiel vieler Waldbauern. Scharen von ihnen – einschließlich zahlreicher Förster – sieht man bis heute auf Kahlflächen, auf denen gerade abgestorbene Fichten flächendeckend gefällt werden mussten, was nachpflanzen? Junge Fichten! Auf die Frage, ob sie denn glauben, dass die je wieder zu ertragreichen Bäumen heranwachsen werden, bekommt man Antworten wie »Es muss ja mit der Klimaverschlechterung auch mal wieder besser werden« oder »Die jungen Fichten werden schon lernen, sich besser anzupassen« und dergleichen mehr. Das und vieles Entsprechende zeigt: Der Mangel an entwickelten Fähigkeiten, in Bezug auf Nachhaltigkeit in sich verändernden Umweltbedingungen zu planen, lässt uns vollkommen hilflos dastehen.

Was bleibt also – resignieren, verzweifeln, Drogen? Mitnichten. Sicher ist die derzeitige weltweite Schädigung aller unserer Umweltbereiche von enormen Flächen der Böden über Gewässer und der Atmosphäre bis zur Destruktion der gesamten Biosphäre mit all ihren Pflanzen und Tieren die größte, die unsere Erde je erfahren hat (als das sechste Massensterben in der Erdgeschichte – laut dem Weltbiodiversitätsrat 2019). Damit stellt sie eine globale Bedrohung nie zuvor gekannten Ausmaßes für die gesamte Menschheit dar. Dieses Apokalypse-Szenario könnte uns in der Tat allen Mut nehmen. Aber auch unsere Vorfahren haben Vergleichbares

Der »Heinz-Sielmann-Weiher« im Billafinger Urstromtal – Erstlingswerk im »Biotopverbund Bodensee«. Sein Biotop-Mosaik wird später ausführlich behandelt.

durchgemacht: Pest und Cholera, den Dreißigjährigen Krieg, zwei Weltkriege und vieles mehr. Waren diese Ereignisse auch meist lokal begrenzt – für den seinerzeitigen beschränkten Überblick erschienen sie allemal wie nahender Weltuntergang. Und was haben unsere Vorfahren damals gemacht? Alles erfolgreich überstanden – mit Hoffnung, Zuversicht und Fleiß – Eigenschaften, mit denen wir gut ausgerüstet sind; gottlob – sonst gäbe es uns heute gar nicht. Entsprechendes sollten auch wir tun – also alle diejenigen, die nicht eingebuttert in eine Raffgier- und Spaßgesellschaft unseren Planeten einfach in die Grube fahren lassen wollen. Erfreulicherweise sind viele von uns mit der Zuversicht ausgestattet, dass die Hoffnung zuletzt stirbt, und handeln nach dem Martin Luther angedichteten Sprichwort: »Wenn ich wüsste, dass morgen die Welt unterginge, würde ich (dennoch) heute ein Apfelbäumchen pflanzen.« Und wer weiß, vielleicht wird gerade davon einmal einer unserer Urenkel noch Äpfel essen.

Paradiesische Inseln schaffen

Allerdings: Auch wenn wir uns künftig noch so sehr anstrengen, werden wir damit nicht zügig »die Welt retten«. Aber wir können schnell und leicht in Hülle und Fülle Archen Noahs bauen, in denen sich in »Oasen aus Menschenhand« unermessliche Schätze unserer Biosphäre bewahren lassen – bis sich die ökologischen Verhältnisse auf der Erde wieder grundlegend verbessert haben werden. Und das wird ganz sicher geschehen: Entweder durch tatsächlich noch zu Einsichten gekommene Neuzeitmenschen, die ersten echten *Homo-sapiens*-Vertreter sozusagen, oder – eher wahrscheinlich – durch mittlere bis größere Katastrophen, die uns zurückdrängen und Mutter Natur letztlich wieder auf die Beine helfen werden. Wie auch immer, zu beidem können wir beitragen, indem wir der von uns »gebeutelten Natur«, wie der vom Naturschutz beseelte Heinz Sielmann zu sagen pflegte, zu Zukunft verhelfen. In den folgenden Abschnitten nähern wir uns schrittweise dem derzeit effektivsten und bereits gründlich erprobten und äußerst hilfreichen Konzept dafür: »Jeder Gemeinde ihr Biotop«.

Die Idee zu diesem Konzept habe ich in den 1980er-Jahren zusammen mit Mitarbeitern entwickelt und in der Publikation »Vogelschutz: 100 Jahre lang bis in die ›roten Zahlen‹ – ein neues Konzept ist unerlässlich« 1988 erstmals vorgeschlagen (Berthold et al. 1988). Sie basierte auf den niederschmetternden Ergebnissen der von der Vogelwarte Radolfzell im »Mettnau-Reit-Illmitz«(MRI)-Programm durchgeführten zehnjährigen »Volkszählung« an europäischen Kleinvögeln, die bei den meisten Arten Bestandsrückgänge und einen generellen jährlichen Schwund unserer Vögel um etwa ein Prozent

> »Sielmanns Biotopverbund Bodensee umfasst inzwischen über 150 Einzelprojekte an mehr als 50 Standorten im Wert von über zehn Millionen Euro.«

aufdeckte (Berthold 1973, Berthold 2017, Berthold et al. 1986). Die Grundidee des Konzepts lautet: »Wiederherstellung von naturnahen Lebensräumen für artenreiche Lebensgemeinschaften durch Renaturierung auf etwa 10 bis 15 Prozent der Bundesfläche in allen Gemeinden Deutschlands« (Berthold et al. 1988).

Nachdem ein Ökologie-Gespräch mit Helmut Kohl 1988 wegen Bedenken von Seiten der Landwirtschaft leider nicht zur bundesweiten Umsetzung des Konzepts führte, musste es leider ruhen bis kurz nach dem Jahr 2000. Dann entstand mit meiner Emeritierung Freiraum für einen erneuten Anlauf, nunmehr in einem lokalen Großversuch – dem Biotopverbund Bodensee. Ein Meilenstein, der mit dem 2005 geschaffenen Erstlingswerk, dem Heinz-Sielmann-Weiher in Billafingen, eine großartige und jetzt auch bundesweite Entwicklung einleitete, die heute blüht und gedeiht. »Sielmanns Biotopverbund Bodensee«, wie er aufgrund seiner Hauptförderung durch die Sielmann Stiftung offiziell heißt, umfasst inzwischen über 150 Einzelprojekte an mehr als 50 Standorten im Wert von über zehn Millionen Euro. Ihm folgten im süddeutschen Raum alsbald ein »Biotopverbund Ravensburg«, ein Projekt »Waldbiotop Schwäbische Alb«, der »Biotopverbund Nordostbayern«, in Niedersachsen der »Biotopverbund Nettetal«. Zudem gibt es im Bereich des ehemaligen »Todesstreifens«, also der einstigen innerdeutschen Grenze, gewisse Fortschritte im »Biotopverbund Grünes Band Eichsfeld-Werratal« (Brantner et al. 2020). Allerneueste Biotopentwicklungen starteten im Raum Göttingen im Leinetal (eine 16 Hektar große Biotoplandschaft am Flüthewehr beim Kiessee Göttingen mit großzügiger Unterstützung durch Prof. Dr. Joachim Kreuzburg, Firma Sartorius) sowie mit einem Pilotprojekt auf dem

Kleinere Weiher bieten in Brillenform Lebensräume wie in Doppelhaushälften, was die Ansiedlung konkurrierender Arten begünstigt.

Faßberg in Göttingen auf den Campi der Institute der Max-Planck-Gesellschaft und kürzlich auch im Raum Ruhpolding-Traunstein mit Biotopgestaltung durch die Rochus und Beatrice Mummert-Stiftung in Verbindung mit der Sielmann Stiftung. Zusätzlich gibt es zum Teil weit fortgeschrittene Planungen und Anläufe für neue Biotope von Hamburg und der Insel Rügen bis zu den Alpen und vom Rheintal bis in den Bereich der Oder – das Konzept »Jeder Gemeinde ihr Biotop« ist somit, wie geplant, deutschlandweit auf einem sehr guten Weg. Es ist damit das bisher erfolgreichste und aussichtsreichste Projekt zur Rettung von Artenvielfalt in unserem Land. Könnte es zu Ende geführt werden, würde es bei rund 11 000 Gemeinden, die es in Deutschland gibt, über 10 000 neue Biotope mit sich bringen! Da inzwischen eine ganze Reihe von Gemeinden schon mehrere neue Lebensräume geschaffen haben, würde das bei entsprechend fortgeführter Praxis zigtausende neue Biotope bedeuten – das wäre wahrlich eine ganze Armada von Archen Noahs. Ihr Abstand voneinander würde im Mittel nur wenige Kilometer betragen – das wäre dann ein echter bundesweiter Biotopverbund! Dazu kann natürlich jeder Gutwillige, Einsichtige in seinem Privatbereich vieles tun, um unserer inzwischen an Krücken gehenden Natur wieder auf die Beine zu helfen – darüber mehr in meinem Buch »Unsere Vögel …« (Berthold 2017) und am Ende des vorliegenden Werkes.

—
In manchen Biotopen wie dem Olsenweiher halten sich Laubfrösche im Frühjahr zunächst auch im Altschilf auf, wo man sie relativ leicht entdecken kann.

Zum »Heinz-Sielmann-Weiher« wandern jährlich bis zu 5000 Erdkröten zum Laichen, deren Kaulquappen (oben) vor allem in den Gräben zu Hunderttausenden heranwachsen.

Fast alle unserer reichlich 30 im »Biotopverbund Bodensee« neu geschaffenen Weiher beherbergen Fische – zum Teil mehr als zehn Arten, darunter in einigen auch stattliche Hechte (links).

»Wir können schnell und leicht in Hülle und Fülle Archen Noahs bauen, in denen sich in ›Oasen aus Menschenhand‹ unermessliche Schätze unserer Biosphäre bewahren lassen.«

KATASTROPHAL

Der massive Verlust von Artenvielfalt auch in Deutschland

Wer zu Hause am Schreibtisch oder gemütlich vor dem Fernseher sitzt, erfährt gelegentlich immer noch Beruhigendes über unsere Natur: etwa, dass die Liste der in Deutschland insgesamt beobachteten Vogelarten nie so lang war wie derzeit, oder dass die vom NABU veranstaltete Stunde der Gartenvögel an den außergewöhnlich nasskalten Tagen Mitte Mai 2021 mehr beobachtete Vögel pro Garten erbrachte als im Jahr zuvor (Ohde 2021). Wer sich dann allerdings aufrafft und durch Wiesen und Felder streift, ist bald verwundert oder – wenn von früher her kundig – gar entsetzt über die Armut an Vögeln und die zunehmende Stille im Land.

Der aprilartige Mai 2021 hat unseren großteils bereits brütenden Vögeln enorme Nahrungsengpässe beschert und viele an Futterstellen in Hausgärten getrieben, wodurch dort trotz fortlaufender Bestandsabnahmen der Eindruck von Zuwachs entstand. Noch schlimmer ist die Täuschung bei den Vogellisten. Auch wenn eine Art bei uns um 99 Prozent im Bestand zurückgegangen ist, wie etwa Haselund Auerhuhn, bleibt sie natürlich bis zum »letzten Schwanz« in der Liste. Taucht ein Individuum oder Brutpaar einer Art bei uns neu auf, wie etwa vor Kurzem der Heilige Ibis oder ein neuer ausgebüxter Papagei, verlängern sie die Liste, selbst für den Fall, dass sie sich danach nur unregelmäßig zeigen. Betrachtet man aber die biologisch-ökologisch relevanten Größen, also die Biomasse oder die Anzahl von Individuen, sieht es vollkommen anders aus – nämlich katastrophal. Bei Vögeln müssen wir in Deutschland seit dem Jahr 1800 eine Abnahme der Brutvogelindividuen um über 80 Prozent beklagen, wobei bisher »nur« etwa 15 Arten gänzlich ausgestorben, aber inzwischen rund zehn Prozent aller Arten vom baldigen Aussterben bedroht sind. Damit liegen wir im weltweiten Trend. 2022 hat BirdLife International zum fünften Mal den »State of the World's Birds« (im Internet) veröffentlicht. Danach geht derzeit jede zweite Vogelart der Welt im Bestand zurück und viele davon so stark, dass bereits jetzt jede achte Art vom Aussterben bedroht ist.

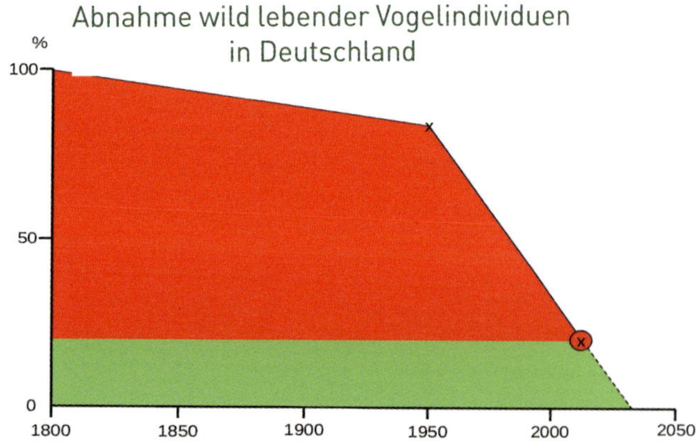

Abnahme der Vogelindividuen Deutschlands seit 1800 (rot): um 80 Prozent. Bis 1950 betrug sie nur 15 Prozent, danach schwoll sie auf 65 Prozent an. Auch der Rest von 20 Prozent (grün) weist viele Arten auf, die weiterhin im Bestand abnehmen und zum Teil in Bälde weitgehend verschwinden werden (Näheres siehe Berthold 2017).

Das Schwarzkehlchen (S. 21) liebt offenes Gelände und ist daher oft ein Erstbesiedler in von uns frisch angelegten Biotopen mit noch wenig Bewuchs.

Bei Insekten haben wir für einen entsprechenden Rückgang von rund 80 Prozent allein in den letzten 30 Jahren gesorgt, mit dem Erfolg, dass wir uns beim damit verbundenen Rückgang von Bienen und Wildbienen allmählich sogar ernsthaft Sorgen um die Bestäubung vieler Nutzpflanzen machen müssen. In China und den USA ist der »Fortschritt« in dieser Hinsicht schon weiter – dort müssen Obst- und Mandelbäume zum Teil bereits von Hand bestäubt werden – begleitet von enormen Ertragsrückgängen (Berthold 2017, Berthold 2019). Diese Horrorgeschichten ließen sich beliebig fortsetzen. Wir wollen es hier jedoch mit ein paar zusammenfassenden Sätzen bewenden lassen und stattdessen lieber einen aufschlussreichen Spaziergang in unsere Feldfluren unternehmen.

Gefährliche Biomonotonie

Bereits 1997 hat Eckhard Jedicke in einem fast 600 Seiten dicken Buch über »Die Roten Listen. Gefährdete Pflanzen, Tiere, Pflanzengesellschaften und Biotoptypen in Bund und Ländern« (Jedicke 1997) das ganze Elend der Vernichtung der Biosphäre gerade auch in Deutschland zusammengefasst. In diesem Bericht zeigte sich, dass schon damals im Mittel etwa die Hälfte aller Arten im Fortbestand gefährdet war! Im Extrem betraf die Bedrohung rund 70 bis 90 Prozent aller Arten bei Amphibien, Reptilien, Fischen, Bockkäfern sowie Armleuchteralgen (Anzeiger hoher Wasserqualität), im Minimum »nur« etwa 30 Prozent bei Pilzen, Blütenpflanzen, Spinnen und Schmetterlingen. Inzwischen – in nur einem weiteren Vierteljahrhundert – hat sich die Situation dramatisch verschlechtert.

Aus der ehemals beklagten Biodiversitäts»krise« mit »schwächelnden« Arten ist nicht nur eine generelle Biodiversitätskrankheit geworden, mehr noch: Auf fast allen landwirtschaftlich genutzten Flächen unseres Landes (rund ein Drittel der Gesamtfläche), aber auch in dicht überbauten Bereichen und selbst in den eintönig der Holzfabrikation dienenden Wäldern kann von Biodiversität gar keine Rede mehr sein – dort herrscht mehr und mehr Biomonotonie. Auf riesigen, zum Teil mehrere Quadratkilometer großen Feldfluren steht zu 99,99 Prozent nur Mais. Es wogt auf stark überdüngten Böden ein giftgrün wirkendes Meer von 99,99 Prozent Weizen, Gerste oder Haferhalmen, bevor wir vielleicht eine letzte übrig gebliebene Distel oder ein paar Mohnblüten entdecken – letzte Farbtupfer in reiner Monotonie. Der einstige Pflanzenartenreichtum unserer Wiesen ist bei extremer Nutzung auf wenige ergiebige »Wirtschafts«arten zusammengeschmolzen. Und der dramatische Rückgang setzt sich ungebremst und zum Teil sogar beschleunigt weiter fort.

Kurz zurück zu den Vögeln. Die in Deutschland vogelkundlich am besten untersuchte Gemeinde – Möggingen (Sitz der Vogelwarte Radolfzell) – hat von einst 110 regelmäßig brütenden Vogelarten von 1947 bis 2002 rund ein Drittel verloren (Berthold 2017), seit 2002 bis heute – also in gerade einmal 20 Jahren – weitere zehn Prozent. Und das derzeit grassierende Waldsterben wird uns in vielen Landesteilen rund weitere 30 Vogelarten kosten, vor allem an Nadelwald gebundene Arten – vom Auerhuhn bis zum Wintergoldhähnchen.

Lebendige Erinnerung

Um allen, besonders auch jungen Menschen, klarzumachen, wie unsere vordem im wahrsten Sinne des Wortes üppig blühende Artenvielfalt zu einem kümmerlichen Rest zusammengeschrumpft ist, begeben wir uns ein paarmal im Jahr auf einen Rundgang durch die Feldflur am Rande eines unserer zum Teil immer noch ländlich gebliebenen Dörfer im süddeutschen Raum. Eine gute Stunde lang, zum einen in den 1950er-Jahren gemäß meinen Aufzeichnungen, zum anderen heute. Dabei richten wir unser Augenmerk auf Blütenpflanzen rechts und links des Weges und stellen von Beginn bis Ende der Vegetationsperiode – also etwa von März bis November – jeweils einen attraktiven Blumenstrauß zusammen.

Oben: Peter Berthold 1944 als Fünfjähriger beim »Botanisieren« an einer üppig blühenden Wiese in Reutenhau im Altvatergebirge

Rechts: Eine blütenreiche Streuobstwiese wie aus dem Bilderbuch – mit Flockenblume, Hahnenfuß, Labkraut, Rot- und Weißklee sowie verschiedenen Gräsern –, bestens geeignet als Viehweide, für Grünschnitt oder zur Heugewinnung

—

Rechts: Eine Streuobstwiese mit blühenden, weit ausladenden Hochstämmen in bestem Alter und üppig blühender Wiese – ein ideales Biotop; dazu im Folgenden einige Charakterpflanzen

Seite 24: Ganz links: Wiesensalbei, der vor allem auf trockenen Magerrasen sowie Böschungen gut gedeiht

Seite 24: Links: Besonders an kleinen Gräben und feuchten Schlenken blüht die prächtige Bachnelkenwurz.

Seite 25: Zwei früher häufige Blütenpflanzen unserer Wiesen – gerade auch im Streuobstbereich, ebenso einst verbreitet an Böschungen sowie Rändern von Hecken und Wäldern: das Aufgeblasene Leimkraut (rechts) sowie die Rote Lichtnelke (ganz rechts)

Das habe ich in den 1950er-Jahren regelmäßig gemacht, einmal in Nagold, um im Internat für den Biologieunterricht eine kleine Ausstellung mit den im Jahresverlauf jeweils blühenden Pflanzen zu bestücken, dann auf der Schwäbischen Alb bei Onstmettingen, um meiner Mutter ab und zu einen Blumenstrauß zu offerieren, und schließlich um Möggingen bei Radolfzell sowie bei Hirschau nahe Tübingen, um mit Kommilitonen fürs Studium zu »botanisieren«. Dabei führte der Weg seinerzeit durch Getreide-, Kartoffel- und Rübenfelder – damals noch keinen Mais – und üppig blühende Wiesen sowie am Bachlauf entlang, am Waldrand und im Feldgehölz.

Inventur der Wiese

Gehe ich meine Aufzeichnungen durch, komme ich für die 1950er-Jahre, selbst wenn alle gelegentlich angetroffenen Seltenheiten weggelassen werden, rasch auf 350 Blütenpflanzenarten aus fast 50 verschiedenen Familien! Von dieser wahrhaften Biodiversität ist nur ein kläglicher Rest übrig geblieben – die meisten Arten sind in unserem »Krieg mit der Natur« gefallen. Und so wie wir heute Gefallene aus den Weltkriegen oder Opfer von Gräueltaten und Massenvernichtungen namentlich auf Gedenktafeln oder Stolpersteinen aufführen, sollen auch jene von uns weitgehend Ausgelöschten hier einen Platz finden. Man muss

sie einmal durchgehen – Pflanze für Pflanze, um einigermaßen ermessen zu können, was wir alles zerwirtschaftet haben. Auch die vielen klangvollen Namen und Wortschöpfungen sind ein Erlebnis im Nachhinein.

Den Frühlingsreigen eröffnen oft Weidenkätzchen – auf unserem Rundgang um 1955 neben denen der **Salweide** von mindestens zwei weiteren Arten. Der botanischen Systematik folgend kommen die Nesselgewächse mit der GROSSEN BRENNNESSEL, gefolgt von den Knöterichgewächsen mit *Vogel-*, *Wiesen-* und Windenknöterich sowie drei Ampferarten (v. a. STUMPFBLÄTTRIGER und *Großer Sauerampfer*).

Über die Bedeutung der unterschiedlichen Schreibformen siehe am Ende der Aufzählung. Von den Gänsefußgewächsen besiedeln meistens zwei Gänsefuß- (v. a. der *Weiße*) und zwei Meldenarten (v. a. die *Ausgebreitete*) besonders Hackfruchtfelder. Nelkengewächse erfreuen uns mit über zehn Arten: Stern- und *Vogelmiere*, Acker-Hornkraut, Acker-Spörgel, Aufgeblasenes und ***Nickendes Leimkraut***, vier Lichtnelkenarten (v. a. ***Kuckuck*** und Rote) sowie die prächtigen Arten Kornrade, Seifenkraut und Karthäusernelke.

Ähnlich artenreich folgen die Hahnenfußgewächse mit Trollblume, *Sumpfdotterblume*, vier Hahnenfußarten (v. a. SCHARFER, **Knolliger**), ***Scharbockskraut***, Wiesenraute (zwei Arten), Acker-Rittersporn, Sommer-Adonisröschen, **Waldrebe, Busch-** und *Gelbes Windröschen* sowie Leberblümchen. Wenige, aber prächtige Arten stellen die Mohngewächse: Lerchensporn, Erdrauch, KLATSCH- und mindestens ein weiterer Mohn, sowie Schöllkraut. Für Laien keine leichte Kost stellen die vielen Kreuzblütler dar mit Weg-, Hunds-, *Koblauchrauke*, Barbenkraut, *Sumpf-*, Brunnen- und Pfeilkresse,

In fast allen unseren Feuchtbiotopen erfreuen uns die bisweilen mannshohen Blütenstände vom Blutweiderich, der mit unzähligen Blüten viele Insekten ernährt wie etwa Bläulinge.

—
Links: Die prächtige Bienenragwurz – eine unserer schönsten Orchideen – gedeiht in zwei von uns gepflegten Biotopen unseres Biotopverbundes. Rechts: Hornklee besiedelt mit verschiedenen Arten Wiesen bis hin zu Trockenrasen, aber auch Feuchtgebiete bis in Schilfbestände.

Öhrchen- und Rauhe Gänsekresse, *Wildkohl*, **Rübsen**, **Acker-**, **Weißer Senf**, *Hederich*, *Wiesen-*, Bitteres, Behaartes Schaumkraut, Nachtviole, Zahnwurz (2), Turmkraut, Frühlings-Hungerblümchen, *Hirtentäschel* und **Acker-Täschelkraut**.

Prächtige Arten

Nur je zwei Arten begegnen uns von den folgenden beiden Familien – den Waugewächsen mit Färber-Wau und Gelber Reseda sowie den Dickblattgewächsen mit Mauerpfeffer und Fetthenne. Wieder reichhaltig wird es bei den nächsten beiden Familien: Rosengewächse mit Mädesüß (*Echtes* und Knolliges), Geißbart, Odermennig (2), Wiesenknopf (2), Frauenmantel (2), Wildrosen (mindestens drei, v. a. **Hundsrose**), *Kratzbeere*, *Wald-Erdbeere*, *Bach-* und *Echte Nelkenwurz*, Fingerkraut (3, v. a. *Gänse-*) sowie einigen Sträuchern wie *Traubenkirsche*, Weißdorn, **Schlehe** u. a. und Schmetterlingsblütler mit *Kronwicke*, Wicken (4, v. a. *Vogel-*, *Zaun-*), Zitterlinse, Platterbsen (5, v. a. Wiesen-, *Frühlings-*), Esparsette, Hauhechel, *Wundklee*, Steinklee (2), **Luzerne**, Sichelklee, Hornklee (2, v. a. *Gemeiner*), Hufeisenklee, *Hopfenklee* und Klee (6, v. a. WEISS-, **Rot-** und *Inkarnat*). Ihnen folgen 16 Familien mit jeweils wenigen, aber teils prächtigen und stark vertretenen Arten, nämlich Storchschnabelgewächse mit Reiherschnabel, Storchschnabel (bis zu zehn Arten, v. a. **Sumpf-**, *Wiesen-*) und Ruprechtskraut, Leingewächse mit *Lein*, Wolfsmilchgewächse mit mindestens fünf Arten (v. a. **Zypressen-**) und **Wald-Bingelkraut**, Balsaminengewächse mit Springkraut (3, v. a. DRÜSIGES), Kreuzblumengewächse mit Gemeiner Kreuzblume, Seidelbastgewächse mit *Seidelbast*, Spindelstrauchgewächse mit **Pfaffenhütchen**, Malvengewächse mit fünf Arten (v. a. *Wilde Malve*), Hartheugewächse mit Johanniskraut (2), Veilchengewächse mit Veilchen (4 Arten, v. a. **März-**, **Wald-**) und *Acker-Stiefmütterchen*, Cistrosengewächse mit Sonnenröschen, Kürbisgewächse mit Zaunrübe, Nachtkerzengewächse mit Nachtkerzen (3, v. a. *Gewöhnliche*), *Hexenkraut* und Weidenröschen (mindestens 3, v. a. **Zottiges**), Weiderichgewächse mit **Blut-Weiderich**, Hartriegelgewächse mit ROTEM HARTRIEGEL und **Kornelkirsche** sowie Efeugewächse mit **Efeu**.

»Wenn wir die Rundgänge der 50er-Jahre in der jetzigen Zeit wiederholen, begegnen uns von der einstigen Fülle von 350 Blütenpflanzenarten regelmäßig gerade mal rund 60 Arten, vereinzelt weitere 80. Die üppig blühende Artenvielfalt ist auf einen kümmerlichen Rest zusammengeschrumpft.«

Viele Arten beschert uns die Familie der Doldenblütler mit WIESEN-KERBEL, Kälberkopf (2, v. a. *Taumel-*), Kümmel, *Wilder Möhre*, Bibernelle, GIERSCH, Hundspetersilie, **Berle**, *Bärenklau*, *Engelwurz*, Merk, Sichelmöhre und *Pastinak*; weniger die Reihe der folgenden acht Familien: Schlüsselblumengewächse mit **Hoher** und *Echter* Schlüsselblume, Gilbweiderich, Pfennigkraut, Gauchheil (2), Ölbaumgewächse mit **Liguster**, Seidenpflanzengewächse mit Schwalbenwurz, Enziangewächse mit Tausendgüldenkraut und Enzian (mindestens zwei Arten), Windengewächse mit *Zaun-* und *Ackerwinde*, Rötegewächse mit Acker-Röte, Waldmeister und Labkraut (6, v. a. **Kreuz-**, WIESEN-, *Wald-*, **Kletten-** und *Echtes*), Borretschgewächse mit ***Beinwell***, Hundszunge, Steinsame (2), ***Lungenkraut***, Vergiss-

Die »Wucherblume« Margerite (links) war früher eine dominante Blütenpflanze vieler Wiesen – heute ist sie vielerorts eine Rarität oder gar verschwunden.

Rund 30 Ehrenpreis-Arten (rechts) kommen bei uns auf Äckern, Wiesen und in Gärten vor. Ihre Feinsämereien sind beliebte Nahrung etwa vom Girlitz.

Vergissmeinnicht – eine der Lieblingsblumen unserer Bevölkerung – besiedelt bei uns mit verschiedenen Arten Äcker, Wiesen, Wälder sowie Feuchtgebiete bis in Schilfbestände und sogar den Spülsaum vom Bodensee.

meinnicht (3, v.a. *Sumpf-*) und Natterkopf sowie Eisenkrautgewächse mit Eisenkraut.

Eine Fülle von Arten und Individuen steuert die nächste Familie bei – die Lippenblütler mit dem *Kriechenden Günsel*, Brunellen (2), *Gundermann*, Taubnessel (4, v.a. *Weiße*, *Gefleckte*), Hohlzahn (2), Goldnessel, *Wiesensalbei*, Ziest (3, v.a. *Wald-*), Minze (3, v.a. *Roß-*), *Dost* und *Thymian*.

Immer weniger Artenvielfalt

Mit nur drei Arten sind die Nachtschattengewächse vertreten – *Bittersüßer* und Schwarzer Nachtschatten sowie Stechapfel, mit deutlich mehr die Rachenblütler mit Königskerzen (3, v.a. *Kleinblütige*), Knotige Braunwurz, Acker-Löwenmaul, *Frauenflachs*, Orant, *Roter Zahntrost*, Ehrenpreis (mindestens 6, v.a. **Gamander-**, **Persischer**, *Acker-*, *Efeu-*), *Bachbunge*, *Klappertopf*, Wachtelweizen (mindestens 5, v.a. *Wald-*).

Danach folgen – bevor der Höhepunkt erreicht ist – nochmals sechs Familien mit wenigen Arten, nämlich Sommerwurzgewächse mit Sommerwurz (2), Wegerichgewächse mit Wegerich (3, v.a. SPITZ-), Baldriangewächse mit Baldrian (2, v.a. *Holunderblättriger*), Geißblattgewächse mit Holunder (2, v.a. SCHWARZER), **Gewöhnlicher Schneeball** und *Rote Heckenkirsche*, Kardengewächse mit *Wiesenknautie*, *Tauben-Skabiose* und Wilder Karde sowie Glockenblumengewächse mit Glockenblume (6, v.a. *Rundblättrige*), Teufelskralle (3) und Frauenspiegel.

Und dann kommt die Familie, die mit ihrer Fülle von Arten und Formen Felder wie Wiesen dominierte und auch Botaniker fordern konnte – die Korbblütler.

Hierzu zählen WASSERDOST, GOLDRUTE, BERUFKRAUT (2), Dürrwurz, GÄNSEBLÜMCHEN, Kamille (3, v.a. **Geruchlose**, *Strahllose*), Knopf-, Flohkraut, Ruhrwurz, Ochsenauge, Pestwurz, SCHAFGARBE, Beifuß, Zweizahn, **Margerite**, MUTTERKRAUT, Rainfarn, **Huflattich**, Acker-Ringelblume, Greiskraut (5, v.a. **Jakobs-**, *Raukenblättriges*), Klette (2), Distel (6, v.a. *Kohl-*, ACKER-, *Sumpf-Kratz-*), Flockenblume (2, v.a. **Wiesen-**), **Kornblume**, Bocksbart (2, v.a. WIESEN-), WEGWARTE, Gänsedistel (2, v.a. *Gewöhnliche*), Lattich

(2, v. a. **Wilder**), Rainkohl, Lämmer-, Knorpelsalat, Löwenzahn (2, v. a. WIESEN-), Ferkel-, Milch-, Bitter-, Habichtskraut (2, v. a. WALD-) und Pippau (2, v. a. **Wiesen-**).

Traurige Bilanz

Diese sicher für die meisten heutzutage nahezu unglaublich lange Liste beschließen zwei Familien mit wenigen, aber prächtigen Pflanzen – die Liliengewächse mit Maiglöckchen, Schattenblume, Graslilie, Gelbstern, Lauch (2, v. a. BÄR-), Traubenhyazinthe, ***Herbstzeitloser*** und Milchstern – schließlich die Knabenkrautgewächse mit Knabenkraut (3), Händelwurz, Waldhyazinthe, Sumpfwurz und Zweiblatt.

Wenn wir die Rundgänge in der jetzigen Zeit wiederholen, begegnen uns von der einstigen Fülle anzutreffender Arten regelmäßig gerade mal rund 60 Arten (im Text fett und in Kapitälchen gedruckt) und gelegentlich oder vereinzelt etwa weitere 80 (kursiv gedruckt) – das macht nur rund 17 bzw. 22 Prozent der ehemaligen Gesamtzahl aus! Und bestandsbildend, mit dem Potenzial, durch Vermehrung vor Ort weiter bestehen zu können, sind nur noch etwa 25 Arten oder rund sieben Prozent (in Kapitälchen gedruckt) verblieben.

Bei der Verteilung der Restbestände fällt auf: Die Getreide- und sonstigen Felder sind praktisch frei von wild lebenden Blütenpflanzen, v. a. durch intensive Herbizidanwendung und sehr dichten Aufwuchs der Nutzpflanzen, ebenso die meisten Wiesen – infolge von bis zur fünfmaligen Mahd im Jahr und Ansaat extrem wüchsiger Gräser bis hin zu Grünroggen.

—
Die Gelbe oder Sumpfschwertlilie ziert feuchte und nasse Standorte und säumt etwa im »Heinz-Sielmann-Weiher« das sogenannte »Ursula-Insele«.

Am häufigsten findet man einzelne oder Gruppen von Wildblumen noch an Feld-, Wiesen-, Weg- und Straßenrändern, wo ihnen allerdings nur ein kurzes Dasein vergönnt ist, denn diese Ränder und Böschungen werden in unserem »Saubermannsland« meistens regelmäßig und oft gemäht und gemulcht. Damit haben wir es auch geschafft, die einstigen Unkräuter nahezu vollständig auszurotten. Dabei hat die Vorsilbe »Un« ihre Bedeutung gewandelt. Waren früher Unkräuter unerwünschte Pflanzen im Sinne von pflanzlichen Unholden, sind sie heute nicht (mehr) vorhandene Pflanzen.

Aus dem Gleichgewicht

Leider haben wir durch die Vernichtung der einstigen Blütenmeere von Wildblumen nicht nur die herrliche Blütenfülle verloren, sondern mit ihnen auch eine Begleitfauna von Tausenden von Insektenarten, die früher z.B. auf jeder Bärenklau- oder Engelwurzdolde einen regelrechten kleinen Mikrokosmos bildeten. Sie waren essenzielle Nahrungsquellen – ebenso wie die später heranreifenden Samen der Blütenpflanzen – für eine Fülle von Arten wie v.a. Feld- und Wiesenvögel, die weitestgehend verschwunden sind oder in ganzen Regionen aussterben, wie Rebhuhn, Wachtel, Gold- und Grauammer, Feld-, Heide- und Haubenlerche, Feldsperling, Star, Braunkehlchen u.v.a. Damit wurden unsere einst blühenden landwirtschaftlichen Nutzflächen zu biomonotonen Nutzpflanzenplantagen – vollkommen abhängig von Bioziden und in sich völlig instabil und damit jederzeit anfällig für Bestandszusammenbrüche.

Eine typische Pflanzengesellschaft unserer Feuchtbiotope: vor einem Auwald in einer nassen Wiese große Bestände vom Blutweiderich – rotviolett blühend – und davor weiß leuchtend Mädesüß

DAS WICHTIGSTE

Mutter Natur ist unsere Überlebensversicherung

Biodiversität, Artenvielfalt, also etwa viele schöne Blumen in der Wiese, zahlreiche hübsche darübergaukelnde Schmetterlinge oder eine Reihe wundervoll singender Vögel im Wäldchen nebenan muten wie ein Idyll an – dagegen ist ihr rasantes Verschwinden beileibe nicht nur ein ästhetisches, weltanschauliches oder ethisches Problem. Ein hohes Maß an Biodiversität ist vielmehr unsere einzige aussichtsreiche und damit absolut notwendige Überlebensversicherung! Nur artenreiche Ökosysteme sind auf Dauer stabil und taugen als verlässliche Lebensgrundlage. Biomonotonie hingegen ist tödlich, und selbst teilweise geschädigte Ökosysteme können bereits zum Massensterben von Menschen führen. Das prominenteste Beispiel dafür: Als die chinesische Führung unter Mao Zedong 1958 in der sogenannten »Spatzenkampagne« in China rund zwei Milliarden Vögel umbringen ließ, um Ernteschäden zu verringern, kam es zur Massenvermehrung von Schädlingen. Der anschließenden Hungersnot fielen etwa 45 Millionen Chinesen zum Opfer. Allein die weitgehende Eliminierung eines einzigen Gliedes aus dem Ökosystem – der Vögel – hatte dieses Desaster bewirkt und so viele Tote zur Folge; mehr als die Hälfte der derzeitigen Einwohnerzahl Deutschlands (Berthold 2017).

Kraft der Vielfalt

Wie notwendig artenreiche und damit stabile Ökosysteme für unser Überleben sind, zeigen inzwischen auch beweiskräftige Forschungsergebnisse aus unserem Land. Die besten stammen von laufenden Untersuchungen am Max-Planck-Institut für Biogeochemie in Jena, seit 2003 durchgeführt von Ernst-Detlef Schulze und seinen Mitarbeitern an der Lebensgemeinschaft »Wiese« (Pietschmann 2015). Dafür werden auf 16 Hektar Fläche und fast 500 Versuchsquadraten 64 typische Wiesenpflanzenarten betrachtet – einmal in Monokulturen und zum anderen in Kombination von 2, 4, 8, 16 und 32 dieser Arten sowie allen 64 auf einer Fläche. Die wichtigsten Ergebnisse: Mit steigender Artenzahl nimmt die Primärproduktion, also die Pflanzen- oder Biomasse (in der Landwirtschaft das Grünfutter oder Heu) zu, ohne jedes weitere Zutun! Die Versuchsflächen bleiben vollständig sich selbst überlassen – ohne Dünger, Biozide, Bewässerung u. a. Die steigende Produktivität mit zunehmender Artenzahl beruht auf einer ganzen Kette gegenseitiger Wirkungen. Je vielfältiger die Zusammensetzung aus höheren und niedrigeren Pflanzen, breiteren und schmaleren Blättern, größeren und kleineren Blüten usw., desto besser können die jeweiligen Umweltverhältnisse wie Sonnenscheindauer, Wärme und Kälte, Feuchtigkeit und

—
Unseren grünen Fluren – Wiesen wie Äckern – fehlt oft auf riesigen Flächen nahezu jede farbige Wildkräuterblüte. Damit sind sie für Insekten, Vögel u. a. ökologisch steril geworden.

Im Zuge der Klimaerwärmung immer häufiger auftretende Hitze- und Trockenperioden lassen nicht nur Böden austrocknen und Brunnen versiegen, sondern sogar Flüsse trockenfallen wie die Dreisam bei Freiburg.

Trockenheit, Verfügbarkeit von Nährstoffen usw. genutzt werden. Entsprechendes gilt für das mit zunehmender Artenzahl stärker ausgebildete Wurzelwerk unter der Erdoberfläche. Je komplexer es ist, desto reichhaltiger sind die Mikroben im Boden und damit die symbiontische Wirkung und Speicherkapazität. Dadurch können Wiesen mit zunehmender Artenzahl auch im Boden vermehrt Kohlen- und Stickstoff anreichern.

Außerdem vermögen die vielfältigeren Bodenorganismen verstärkt anfallende Schadstoffe abzubauen – mit positiven Effekten vor allem auch für das Grundwasser. Artenreichere Wiesen sind aber nicht nur produktiver, sondern auch stabiler und widerstandsfähiger gegenüber allen möglichen negativen Einflüssen wie extremer Hitze und Kälte, Nässe und Trockenheit sowie dem Befall durch pflanzliche und tierische Schädlinge. Außerdem bewirken sie eine artenreichere Begleitfauna, also mehr Käfer, Heuschrecken, Falter und viele andere Insekten sowie Amphibien, Reptilien, Vögel und Säugetiere. Diese reichhaltigere Tierwelt profitiert nicht nur von durch hohe Diversität gekennzeichneten Wiesen, sondern trägt auch zu deren Erhalt und Stabilisierung bei, etwa durch Bestäubung zu Samenbildung, durch Samenverbreitung, Schädlingsbekämpfung u. a. m. Derartige Wiesen – einst von Menschen nach den mittelalterlichen Waldrodungen geschaffen – können, wenn man sie durch ein- bis zweimaliges Mähen im Jahr vor Verbuschung bewahrt, über Jahrhunderte fortbestehen. Und sie vermögen dabei auch zu evoluieren, also sich der Umgebung laufend anzupassen. So kann sich eine normale sogenannte Fett- oder Flachlandmähwiese in ihrer Artenzusammensetzung je nach Standort mehr in Richtung Feuchtwiese oder Halbtrockenrasen verschieben und in der Anpassung an die derzeitige Klimaerwärmung ständig optimieren. Damit wird eine solche dynamisch-stabile Wiese nahezu unübertreffbar nachhaltig. Nur ganz extreme

Verhältnisse wie etwa jahrelange Dürre – also Wüstenbildung – oder lange Überschwemmungen könnten ihr den Garaus machen. Wollten wir eine derartige Wiese durch Neuansaat schaffen, würde das im Hinblick auf Bodenbearbeitung, Saatgutbeschaffung, Aussaat usw. enorme Kosten verursachen und (viele) Jahre dauern, bis sich eine neue Lebensgemeinschaft etabliert und nachhaltig stabilisiert hätte. Wird heutzutage »Grünland« zur Nutzung als Viehfutter oder für Biogasanlagen angesät, werden auf mit hohem Energieaufwand frisch umgebrochenen Böden artenarme Hochleistungsmischungen ausgesät – etwa Luzerne, Grünroggen, Weidelgrasmischungen usw., die schon nach wenigen Jahren aufwendig erneuert werden müssen und oft von für uns wertlosen Unkräutern dominiert werden wie etwa vom Stumpfblättrigen Ampfer, der dann wieder mühsam eliminiert werden muss.

Abschließend lohnt es sich, noch einen Blick auf die Monokulturen der Jenaer Versuchsflächen zu werfen, die unseren derzeitigen Mais- und Getreidefeldern, aber auch den artenarmen Grünschnittflächen entsprechen. Dabei zeigt sich: Die meisten Monokulturen gehen infolge von Schädlingsbefall rasch ein, selbst das sonst so »unverwüstliche«

Nur artenreiche Ökosysteme sind auf Dauer stabil. Selbst teilweise geschädigte Ökosysteme können bereits zum Sterben von Menschen führen. Das prominenteste Beispiel: Die sogenannte »Spatzenkampagne« unter Mao Zedong (1958) führte zur Hungersnot und zum Tod von 45 Millionen Chinesen.

Gänseblümchen«. Ohne Abstandhalter durch andere Arten wird eine Pflanze nach der anderen wie beim »Grippe-im-Kindergarten«-Phänomen von einem Pilz befallen und stirbt schließlich ab.

Unverzichtbare Biodiversität

Fazit der Studie: Jede Art nimmt im System Wiese eine bedeutende Stellung ein, und keine einzige ist im Hinblick auf deren optimales Funktionieren verzichtbar. »Ein großer Artenpool sichert das Überleben der Pflanzengemeinschaft. Und damit auch das unsere.« (Berthold 2017)

Was für Wiesen gilt, trifft ebenso für alle anderen für uns wichtigen Ökosysteme zu – also Wälder, Obstplantagen wie Streuobstbestände, Gewässer aller Art, einschließlich der Korallenriffe der Weltmeere, bis hin zu Tundren mit Permafrostböden und Hochgebirgsgesellschaften im Gletscherbereich, etwa als Kohlenstoff- und Wasserspeicher. Und das, was derzeit unsere Landraubbau-Agrartechnokraten praktizieren und uns als zukunftsweisend anpreisen – auf ganzen Landstrichen zu 99,9 Prozent Mais, Weizen, Gerste zu kultivieren sowie gigantische Obstplantagen-Monokulturen anzulegen, darin eingestreut riesige Tiermastbetriebe, deren Insassen vollgepumpt mit Antibiotika vor sich hin dämmern –, das alles steht auf dermaßen tönernen Füßen, dass jeglicher Teil dieser Systeme jederzeit zusammenbrechen kann. Permanente Ausbrüche von Geflügel- oder Schweinepest, Fischkrankheiten in Aquakulturen, Corona-Einbruch in der Pelztierzucht wie in Dänemark, verbunden mit der »Keulung« von Millionen von Tieren, zeigen: Diese Art, menschliche Existenzgrundlagen auf artenarmer Massenproduktion aufzubauen, ist wie das Leben auf einem Pulverfass, ein irrwitziger Tanz auf dem Vulkan. Kommen dann noch gentechnisch veränderte Pflanzen oder Tiere hinzu, steigt das Gefahrenpotenzial wie beim

Eine prächtige Streuobstwiese mit noch relativ jungen Bäumen, die ständiger Pflege bedürfen.

russischen Roulette. Wenn wir – von Kindern und Enkeln gar nicht zu reden – die nächsten Jahrzehnte überleben wollen, gibt es nur einen Weg: zurück zur Artenvielfalt in der Natur und zum Sortenreichtum in der Landbewirtschaftung. Leider wird die Umkehr dorthin viel Zeit in Anspruch nehmen, da zwar Ansätze in Sicht sind, aber noch längst kein zügiges Umdenken oder gar Handeln. Wahrscheinlich wird es sogar weiterer Katastrophen bedürfen – wie oben für China beschrieben –, um eine Umkehr zu erzwingen. Das heißt, es wird wohl noch ein paar Jahrzehnte dauern, bis wir wieder mehr Ökologie und Artenvielfalt in unsere großen Nutzflächen bekommen. Dafür können und sollten wir ab sofort eines tun: Archen Noahs einrichten zur Rettung von so viel wie möglich an Restnatur, am besten in »Oasen aus Menschenhand« nach dem Motto »Jeder Gemeinde ihr Biotop«. Aus diesen Refugien könnte sich dann nach der »Sintflut« der Lebensraum wieder artenreich neu beleben und auf lange Sicht stabilisieren.

»Wenn wir die nächsten Jahrzehnte überleben wollen, gibt es nur einen Weg: Zurück zur Artenvielfalt der Natur. Ein großer Artenpool sichert das Überleben der Pflanzengemeinschaft. Und damit auch das unsere. Das trifft für alle uns wichtigen Ökosysteme zu – also Wälder, Obstplantagen wie Streuobstbestände, Gewässer aller Art, einschließlich der Korallenriffe der Weltmeere, bis hin zu den Tundren mit Permafrostböden und Hochgebirgsgesellschaften im Gletscherbereich.«

VORWIEGEND DILETTANTISCH

Bisherige Wege aus der »Biodiversitätskrise«

Alles, was man seit dem Jahr 1800 mit der Erkenntnis, dass mehr und mehr Wildtier- und Pflanzenarten im Bestand abnehmen, dem einsetzenden Artensterben an Maßnahmen in Deutschland wie auch in vielen anderen Ländern entgegengesetzt hat, war leider völlig unzureichend, realitätsfremd oder auch auf Täuschung angelegt, mit einem Wort: dilettantisch.

Das beginnt schon mit der Begriffsbildung. Obwohl wir heute, wie oben gezeigt, fassungslos einem massiven globalen Artensterben nie zuvor gekannten Ausmaßes gegenüberstehen, dem wohl in Bälde mehr als die Hälfte der unsere Erde noch bevölkernden Arten zum Opfer fallen werden, spricht man in offiziellen Kreisen der für Natur- und Artenschutz Verantwortlichen gemeinhin immer noch von »Biodiversitätskrise«. Damit wird die tödliche Bedrohung verbal herabgemildert und zugleich impliziert, sie könne mit Krisensitzungen und Krisenmanagement behoben werden, ähnlich wie die »Klimakrise«, die nun immerhin auf regelmäßigen (allerdings fast ergebnislosen) Klimakonferenzen diskutiert wird.

Dass die ersten frühen Maßnahmen gegen den Artenschwund halbherzig waren, ist verständlich und in gewisser Hinsicht auch verzeihlich. Hatte man doch geglaubt, es handle sich bei vielen Bestandsabnahmen um vorübergehende Erscheinungen – sogenannte Populationsschwankungen. Und dafür gab es ja anfänglich auch viele Beispiele. Als sich aber ab Mitte des 19. Jahrhunderts schon damals eklatante Bestandsabnahmen zu häufen und zu manifestieren begannen und sich zudem auf menschliche Misswirtschaft zurückführen ließen, wurde ihre weiterhin dilettantische Behandlung mörderisch. Das ist sie bis heute geblieben. Enorm zugenommen haben Lippenbekenntnisse und Aktionismus bis hin zu lächerlichen Auswüchsen wie Baumumarmungen oder grünen Anstrichen schwarzer Parteikader, während die Effektivität nicht einmal gleich geblieben ist, sondern in den letzten Jahrzehnten stark abgenommen hat. Wie das? Schon einfach dadurch, dass die Ausstattung der Naturschutzbehörden von den Landratsämtern über die Regierungspräsidien bis hin zu den Lan-

Links: Kaum zu glauben, aber oft Realität: auch im Naturschutzgebiet reichlich Gülledüngung! Erfreulich und hilfreich: In fast allen unserer neuen Feuchtgebiete werden Biber (rechts) aktiv!

Nur bei mäßiger Düngung und Beweidung oder wenigen Mahden im Jahr halten sich artenreiche Blühwiesen wie im Bild mit Wiesensalbei, Schafgarbe, Labkräutern, verschiedenen Gräsern u. a.

desregierungen nur wenig, wenn überhaupt effektiv verbessert wurde, während sich die »Notfälle« in der Natur potenziert haben und weiterhin rasant ansteigen. Das soll am Beispiel unserer Erdorchideen aufgezeigt werden.

Von diesen zauberhaft schönen Pflanzen kommen in Deutschland zurzeit (noch) reichlich 50 Arten vor – vom prächtigen Frauenschuh bis zur winzigen Weichwurz (auf Hochmoor-Torfmoospolstern), allerdings alle rasant im Bestand abnehmend. Wo sich diese botanischen Kostbarkeiten, einst flächendeckend weitverbreitet und vielfach häufig, trotz ihrer großen Empfindlichkeit gegen Dünger aller Art da und dort halten konnten, wurden für sie fast überall bereits vor Jahrzehnten Naturschutzgebiete (NSG) ausgewiesen, um ihre Restbestände zu sichern. Aber das misslingt jämmerlich, wie eigene Beobachtungen in weit über hundert solcher Gebiete in Süddeutschland zeigen. Was ist passiert?

Alle unsere Orchideenarten haben recht spezielle Standortansprüche, die in zum Teil vor vielen Jahrzehnten eingerichteten Schutzgebieten nicht konstant bleiben, sondern regelmäßiger Pflege bedürfen (Offenhaltung von Streuwiesen, Entbuschung, Regulierung von Wasserständen u. v. a. m.). Für derartige Pflegemaßnahmen fehlen häufig notwendige Mittel, sodass viele Gebiete verbuschen oder verwalden, wodurch die Orchideen verschwinden. Ebenso

mangelt es oft an verlässlichen Managementplänen und fachkundigem Personal, weshalb Maßnahmen von Forst- und Landwirten »mit«erledigt oder von privaten Naturschutzverbänden durchgeführt werden müssen, und auch dabei bleiben die Schützlinge häufig auf der Strecke. Nach von unbedarften Ökologen gut gemeinten Wiedervernässungen von Mooren und Feuchtwiesen etwa durch den Aufstau von Gräben sind ganze Orchideenbestände regelrecht abgesoffen, oder sie wurden vergiftet. In vielen Gebieten hat Aufstau dazu geführt, dass in Schutzbereichen ansteigendes Wasser von benachbarten landwirtschaftlichen Nutzflächen Dünger aufnehmen konnte und damit die empfindlichen Orchideen zum Teil flächendeckend vergiftet wurden (so geschehen im berühmten Wurzacher Ried).

Die meisten Orchideenarten sind empfindliche, geradezu zerbrechliche Lebewesen, von denen vielerorts jährlich lediglich recht wenige Stängel in oft sehr kleinen Beständen aufwachsen, und auch nur einmal im Jahr in einer oft langen Wachstumsperiode. Orchideenbestände sollten daher kaum oder gar nicht betreten werden, da bereits einmaliges Umtreten einzelner Pflanzen zur Auslöschung führen kann (im Gegensatz zu vielen Weg- und Wiesenpflanzen, die sich eher wieder aufrichten können). Daher gilt in fast allen NSG ein strenges Wegegebot – um das sich aber viele, leider auch »Naturfreunde« – nicht scheren. Ein typisches Bild etwa in einem Bestand der Riemenzunge: Um ein besonders schönes Exemplar herum – obwohl neben dem eigentlich nicht zu verlassenden Weg – ist alles plattgetrampelt, viele kleinere Artgenossen und andere Seltenheiten erinnern an gepresste Herbariumsstücke. All das die Spuren fotosüchtiger »Orchideenliebhaber«, die sich so in optimale Stellung gebracht hatten, Beute machend, ohne Rücksicht auf Verluste! Und schlimmer noch: Ein Fotojäger, der auf ein paar weitere geöffnete Blüten gewartet hatte, findet bei der Rückkehr anstelle seiner Traumpflanze nur mehr ein Loch im Boden – das Prachtstück wurde von »Orchideenfreunden« ausgegraben, geklaut (wie etwa die letzten Puppenorchis-Pflanzen am westlichen Bodensee), und ist natürlich dem Tode geweiht, da sich nur ganz wenige Erdorchideen von Spezialisten kultivieren lassen.

Rar und begehrt

So sind mittlerweile nicht nur Orchideen, sondern die große Mehrzahl aller Pflanzen- und Tierarten, die man in Naturschutzgebieten zu bewahren gedachte, gerade auch dort im Bestand rückläufig, hochgradig gefährdet oder vielerorts bereits verschwunden. Inzwischen gilt: Je seltener eine Art, desto mehr sind ihre letzten Exemplare gefährdet – GPS macht's möglich. Interessierte teilen sich heutzutage im Netz die

—
Zu den Schmuckstücken unserer heimischen Flora gehören rund 50 Erdorchideen-Arten. Von den etwa 15 Knabenkraut-Arten ist das Brand-Knabenkraut eine der schönsten.

—
Für viele das Highlight unserer heimischen Orchideenpracht: der Frauenschuh. Er lässt sich heute in geeigneten, früheren Verbreitungsgebieten aus Nachzuchten wieder ansiedeln.

Standorte von seltenen Pflanzen ebenso zentimetergenau mit wie die Nistplätze rar gewordener Vögel. Derart Informierte rücken dann in Scharen an, und unter ihnen zwar meist nicht viele, aber inzwischen doch allzu viele »Ausrotter«!

Das Konzept der Ausweisung von Schutzgebieten für Tiere und Pflanzen war an und für sich nicht schlecht, wurde aber im Laufe der Zeit aus den geschilderten Gründen immer ineffektiver und muss heute im Hinblick auf den Erhalt unserer einstigen Artenvielfalt als gescheitert angesehen werden – das gilt gerade auch für die rund 10 000 als besonders wertvoll eingestuften Naturschutzgebiete in Deutschland (v. a. auch wegen der dort strengsten Schutzbestimmungen), die immerhin fast vier Prozent unserer Landesfläche ausmachen. Zwei der führenden amtlichen Naturschützer Deutschlands (an der seinerzeitigen – heute aufgelösten! – Bundesforschungsanstalt für Naturschutz tätig), Wolfgang Erz und Knut Haarmann, fassten bereits 1981 bzw. 1985 für unsere Naturschutzgebiete zusammen: »Die Gebiete sind meistens zu klein, beherbergen nicht ausreichend große, überlebensfähige Populationen, liegen zu weit auseinander, um Vernetzungseffekte zu ermöglichen, besitzen nur Teilschutz und erlauben zu viele menschliche Aktivitäten, die die Schutzziele untergraben. Außerdem sind Über-

Die Echte Sumpfwurz – eine Orchidee einiger unserer Biotope – hat zwar relativ kleine Blüten, aber aus der Nähe betrachtet kommen sie denen von exotischen Prachtexemplaren sehr nahe.

»Inzwischen gilt: Je seltener eine Art, desto mehr sind ihre letzten Exemplare gefährdet – GPS macht's möglich.«

wachung und Pflege oft unzureichend, sodass sich mit der Unterschutzstellung der Gebietszustand laufend verschlechtert.« Haarmann resümierte bereits seinerzeit: »Man fragt sich, ob mit heutigen Mitteln überhaupt ein befriedigender Schutz gefährdeter Naturlandschaften und Organismen erreichbar ist.« (Berthold 2017, Haarmann 1985) Die heutige Antwort lautet eindeutig: Nein! Um in den ausgewiesenen Naturschutzgebieten all die Juwelen unserer einstigen Artenvielfalt sicher erhalten zu können, wäre es erforderlich gewesen, für diese so überaus wertvollen Gebiete durchweg hauptamtliche fachkundige Betreuer anzustellen, wie es für Museen und Sammlungen ganz selbstverständlich ist. Deutschland als Kulturnation hätte sich das leisten können. Aber in unserer überheblichen Gesellschaft hat Natur – obwohl das wichtigste Gut – den dafür erforderlichen Kultstatus bis heute nicht erreicht.

Nutzlose Scheingefechte

Wie unzureichend unsere Schutzgebiete sind, zeigt besonders eindrucksvoll das Beispiel Möggingen, Sitz der Vogelwarte Radolfzell. Die Gemarkung umfasst insgesamt 465,3 Hektar, davon 192,4 Hektar NSG – seit den 1930er-Jahren – sowie 229,3 Hektar Landschaftsschutzgebiet und nur 43,4 Hektar überbautes Gebiet ohne Schutzstatus. Mehr Schutzgebiet geht kaum auf einer Gemeindefläche, und dennoch ist auch dort die Vogelwelt wie die Pflanzen- und Tierwelt allgemein katastrophal zurückgegangen: enorme Zunahme der Bevölkerung, Besucherdruck von außen, Verrummelung v. a. des Naturschutzgebietes Mindelsee einschließlich eines illegalen Badeplatzes, scharenweise frei laufende Hunde, Abholzen von Altholzbeständen, Befischen des Sees, Herbizidanwendung an Gräben im geschützten Gebiet u. a. m. (Berthold 2003)

Auch alles, was neben dem Naturschutzgebietskonzept in unglaublicher Fülle an Aktionismus und Maßnahmen initiiert worden ist – Konventionen und Konferenzen, Landschaftsschutzgebiete, Natur- und Nationalparks bis zu den Natura-2000-Schutzgebieten (wem es Spaß macht: in früheren ausführlichen Auflistungen von mir nachzulesen; Berthold 2012, Berthold 2017) – zeigt, dass unsere »nationale Strategie der Artenvielfalt« ein Scheingefecht hin zur Artenarmut darstellt. Dabei wurde immer nur nach dem Feuerwehrprinzip gehandelt: So gut wie nie präventiv, sondern meist immer erst, wenn's irgendwo lichterloh brannte, und auch dann nur mit mäßigem Löscheinsatz. Man »handelte« so in der Hoffnung, ein verbleibender Schwelbrand werde wohl in Bälde vollends von selbst erlöschen, auch wenn meist stattdessen neue Brände rasch wieder aufflackerten. So sind auch bisherige sogenannte Biotopverbünde als Netzwerke für Tiere und Pflanzen nur bescheidene Ansätze geblieben (Berthold 2017), entweder rein auf dem Papier oder, wenn in der Praxis, dann sehr begrenzt. Damit wurde es allerhöchste Zeit für ein bundesweites Projekt mit Schutzgebieten für unsere Restnatur auf Biotopverbundbasis, das alle unsere Gemeinden miteinbezieht.

AUSSICHTSREICH

Renaturierungen sind überall umsetzbar

Wie auf den vorhergehenden Seiten beschrieben, wird sich das Artensterben gerade auch bei uns mit rasender Geschwindigkeit fortsetzen, bis in die großen, von Menschen genutzten Flächen wieder mehr ökologisch ausgerichtete Bewirtschaftung zurückkehren wird – entweder durch Einsicht des sich doch noch entwickelnden *Homo sapiens* oder, weit wahrscheinlicher, als Folge beträchtlicher ökologischer Katastrophen. Wie wenig Vernunft bis heute am Werke ist, zeigen die jüngsten Entwicklungen. Da der Ukraine-Krieg für die nächsten Jahre sinkende Weizenproduktion und damit vermutlich eine Hungersnot in Afrika bewirken wird und weil eine Verteuerung der Getreidepreise auf dem Weltmarkt sowie der weitere Anstieg vieler Lebensmittelpreise zu erwarten sein werden, hat das Bundesministerium für Ernährung und Landwirtschaft schon zu Beginn des Jahres 2022 wieder eine intensivere Bewirtschaftung ökologischer Vorrangflächen (Brachen, Zwischenfruchtanbauflächen, Schaf- und Ziegenweiden) angemahnt. Im Klartext: Man ist zur Opferung weiterer Artenvielfalt im Hinblick auf Notlagen bereit. Und das, noch bevor andere sinnvolle Wege wie etwa eine rigorose Eindämmung jeglichen Lebensmittelverderbs durch Missmanagement vor allem in Anbau, Handel, Gewerbe und Gastronomie überhaupt ernsthaft in Betracht gezogen wurden.

Retten, was zu retten ist

Bis Vernunft oder Katastrophen die Artenvielfalt stabilisieren oder gar wieder anwachsen werden lassen, bleibt uns nur – ähnlich wie einst bei der nahenden Sintflut – nach dem Prinzip der Arche Noahs zu retten, was zu retten ist. Dabei geht es nicht wie seinerzeit um ein großes Schiff, das damals wohl auf dem Schwarzen

Entwicklung von Siedlungen und Biodiversität

Erste Waldrodungen und Anlage von Feldfluren

Entstehung einer Mosaiklandschaft, im Gefolge Entwicklung höchster Artenvielfalt

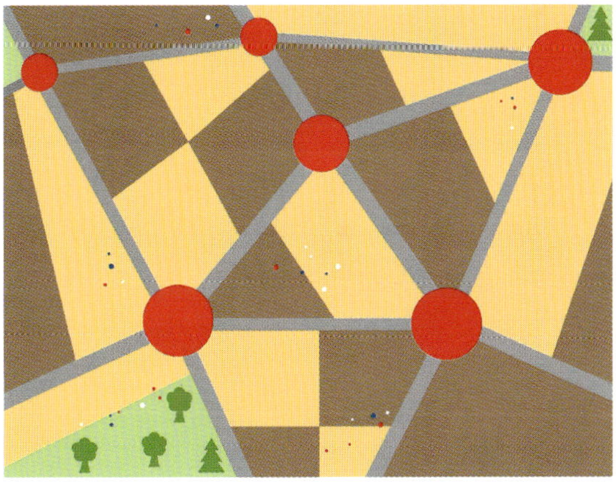

Intensivierung der Landschaftsnutzung:
Zusammenbruch der Artenvielfalt

Wiederbelebung der Artenvielfalt
durch Renaturierung im Biotopverbund

Meer das Überleben ausgewählter Paare vieler Tierarten sicherte, sondern um viele kleinere neu zu schaffende Lebensräume als Archen im Umfeld möglichst jeder Gemeinde in unserem Land. Nach dem Prinzip »Jeder Gemeinde ihr Biotop« würden praktisch parallel zu Städten und Dörfern Siedlungsbereiche für viele Tier- und Pflanzenarten unserer hochgradig bedrohten Fauna und Flora entstehen. Durch ihre Dichte und den geringen Abstand zu benachbarten Lebensräumen würden sie einen funktionierenden Biotopverbund entsprechend dem Netzwerk menschlicher Siedlungen (Abbildungen links) bilden. Damit lässt sich natürlich nicht die Artenvielfalt in unserem Land retten, aber ein beträchtlicher Teil der Restnatur zumindest eine Zeit lang konservieren, bis wieder bessere Zeiten für wildlebende Tiere und Pflanzen anbrechen. Für dieses Hinüberretten in dann günstigere Umweltbedingungen ist ganz wichtig, dass die in Rede stehenden Arche-Noah-Biotope durch Renaturierung neu geschaffen werden, da die bisher für Naturschutz angedachten Flächen ja bei Weitem nicht ausreichen, um Artenrückgang einzudämmen. Wir benötigen deshalb dringend weitere Flächen, um wenigstens Reste unserer einstigen Artenvielfalt zumindest kurzfristig sichern zu können.

Möglichkeiten, Archen Noahs für das Überleben von Tieren und Pflanzen einzurichten, gibt es viele. Sie beginnen mit der Begrünung und ökologischen Ausrichtung selbst kleiner Balkons, der Bepflanzung von kahlen Terrassen und Hausdächern sowie der Begrünung von Fassaden und setzen sich fort in der für Wildlebewesen günstigen Gestaltung von kleinen Haus- und Vorgärten.

Unsere vielfältigen Nutzgärten – die immerhin etwa vier Prozent der Landesfläche ausmachen, könnten, wenn naturnah ökologisch ausgerichtet und nachhaltig bewirtschaftet, etwa ähnlich vielen wild lebenden Tieren und Pflanzen Lebensraum bieten wie alle unsere Naturschutzgebiete mit ähnlicher Gesamtfläche, ohne dass die erwirtschafteten Erträge schmerzlich geschmälert würden.

Entsprechendes gilt für eine strikte naturnah-ökologische Ausrichtung aller unserer Stadtparks, Friedhöfe, Sportstätten, Campi von Universitäten und sonstigen Instituten, das Umfeld von Krankenhäusern, Schulen, Kindergärten, aber auch Bahnhöfen, Flughäfen und natürlich für die meisten unserer Gewerbegebiete und Industrieanlagen. Ein vollständig eingegrüntes Gewerbegebiet z. B. mit bewachsenen Fassaden, Dächern, Busch- und Baumgruppen,

Tümpeln und Blühwiesen könnte, ohne seine Funktion zu schmälern, das Vielhundertfache an wildlebenden Tieren und Pflanzen beheimaten wie etwa das »natürliche« Umland, selbst wenn das nicht nur Monokulturen von Mais, Rüben, Luzerne usw. aufweist, sondern sogar Streuobstbereiche, Weingärten o. Ä. Zudem würde allein das viele neue Grün das Mikroklima für die dort lebenden und arbeitenden Menschen erheblich verbessern und sich auch auf die Gesundheit der Bevölkerung positiv auswirken – dazu später mehr. Eine ganze Reihe neuer Studien zeigt, dass allein die Existenz lebender Bäume oder die Anwesenheit singender Vögel selbst nicht explizit naturverbundenen Menschen Wohlbefinden verschafft, negativen Stress reduziert und ihnen sogar Lebensängste nimmt (Ehlenbröker 2021, Krumenacker 2020, Methorst & Böhning-Gaese 2021).

An der Spitze der Möglichkeiten, Archen Noahs einzurichten, ohne unsere Nutzflächen zu verringern, steht die Einrichtung größerer neuer Biotope auf sogenanntem Unland und Ödland. Das sind in der Regel Brachen oder landwirtschaftlich kaum oder nur mit großem Aufwand bei geringem Ertrag genutzte Flächen wie z. B. sumpfige Wiesenbereiche, Halbtrockenrasen in Hanglage oder in zunehmend von Trockenheit bedrohten Regionen, aufgelassene Kies-, Ton-, Sand- und sonstige Gruben, ehemalige Kohletagebaugebiete oder aufgelassene Weinberge in Extremlagen.

Führt man für neu zu schaffende Lebensräume für Tiere und Pflanzen eine Kosten-Nutzen-Analyse durch, stehen an der Spitze Feuchtgebiete mit anzulegenden Stillgewässern wie Teichen und Tümpeln. Feuchtgebiete beherbergen weltweit mit großem Abstand zu anderen Biotopen die größte Artenvielfalt pro Flächeneinheit – das gilt etwa für Regen-, Mangroven- und Auwälder, Sumpfgebiete, aber auch Korallenriffe. Dieser Umstand beruht darauf, dass die meisten unserer Tier- und Pflanzenarten an das Vorhandensein von relativ viel Wasser gebunden sind. Das bedeutet im Umkehrschluss, dass extrem trockene Gebiete der Erde wie Wüsten praktisch ohne Niederschlag oder eisige Regionen mit fast nur gefrorenem Wasser kaum oder gar keine Lebewesen beherbergen. Wegen der großen Bedeutung von Feuchtgebieten für die Artenvielfalt soll damit der Reigen der Biotopbehandlung begonnen und die Neueinrichtung von derartigen Lebensräumen in den folgenden Abschnitten Schritt für Schritt behandelt werden. Bevor das geschieht, soll aber noch dargestellt werden, wie man in unserem Land überhaupt an Flächen für neue Biotope gelangt – ein meist steiniger, oft dorniger Weg, der sich aber dennoch lohnt!

Heinz Sielmann Stiftung:
der relative Erfolg eines Biotopverbundes

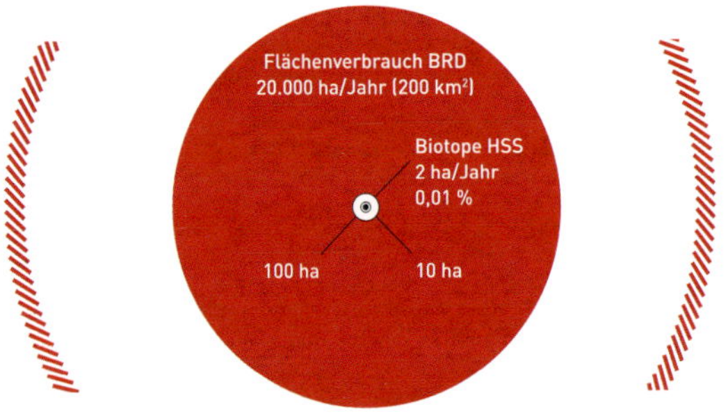

… ein Tropfen auf den heißen Stein

Ein Vergleich: Während wir im Jahr etwa zwei Hektar Fläche renaturieren – der schwarze Punkt –, werden in Deutschland rund 20 000 Hektar oder 200 Quadratkilometer überbaut. Und wenn wir uns mit Renaturierung der kleinen weißen Kreisfläche nähern, erreicht die Überbauung bereits die mit roter Schraffur angedeutete Fläche. Unsere Arbeit ist somit ein Tropfen auf den heißen Stein, aber dennoch sinnvoll und lohnend.

»Führt man für neu zu schaffende Lebensräume für Tiere und Pflanzen eine Kosten-Nutzen-Analyse durch, stehen an der Spitze Feuchtgebiete mit anzulegenden Stillgewässern wie Teichen und Tümpeln. Feuchtgebiete beherbergen weltweit mit großem Abstand zu anderen Biotopen die größte Artenvielfalt pro Flächeneinheit.«

EIN GEWINN

Der steinige Weg zu neuen Biotopen

Wenn auch das neue Konzept »Jeder Gemeinde ihr Biotop« bundesweit inzwischen gut angelaufen und vielerorts leicht umzusetzen ist, so ist es dennoch beileibe kein Kinderspiel und kein Selbstläufer. Das mit Abstand größte Problem: der Bedarf an Flächen, die in unserem kleinen, dicht besiedelten Land selbst in den Bereichen Öd- und Unland und auf Minderertragsböden nur in beschränktem Umfang verfügbar, immens teuer und von Jahr zu Jahr schwerer zu bekommen sind. Die Gründe dafür: Trotz aller Beschwörungen und Versprechungen selbst inzwischen grüner Regierungen frisst sich der Flächenverbrauch für Gewerbegebiete und Industrieanlagen, Wohngebiete und Verkehrswege nach wie vor fast ungebremst weiter ins eng begrenzte Land und verschlingt jährlich immer noch rund 200 Quadratkilometer, was mehr als 25000 Sportplätzen entspricht! Dadurch geraten viele Landwirte in Existenznot, da sie nun nicht mehr nur untereinander um jeden Hektar fürs Überleben kämpfen, sondern zunehmend mit Energieerzeugern konkurrieren müssen, die etwa für ihre

Ausgedehnte Streuobstanlagen auf naturnahen Wiesen am Bodensee bei Hödingen - wie aus der guten alten Zeit!

ewig hungrigen Biogasanlagen auch Grünzeug von minderwertigen Sumpfwiesen begierig aufnehmen. Zudem sind Nebenerwerbslandwirte, Erbengemeinschaften usw. angesichts der allgemeinen Teuerung und einer sich anbahnenden Rezession zunehmend weniger bereit, Land abzugeben. Grund und Boden haben nicht nur im Bereich von kaum noch bezahlbaren Bauplätzen inzwischen so hohen Wert erlangt, dass viele Investoren eher auf Grunderwerb als auf Aktien oder Goldbarren setzen.

Kurs auf neuen Lebensraum

So bekommen wir es derzeit selbst beim Ankauf kleiner Flächen für Biotope mit Mitbewerbern aus der Großindustrie zu tun. Und so manche unserer Wald- und Ackerflächen gehen uns inzwischen sogar an ausländische Investoren bis hin nach China verloren. Aber: Auch wenn der Weg zu neuen Biotopen allein schon wegen der erforderlichen Flächen und des langen Gangs durch die Behörden oftmals regelrecht dornig werden kann und obwohl es oft etliche Jahre dauern mag, bis ein Biotop endlich fertiggestellt ist – es lohnt sich allemal und ist hochbefriedigend, sodass man nie die Flinte ins Korn werfen sollte!

Wie man am besten vorgeht, Schritt für Schritt, etwa vom ersten Stammtischgespräch bis zur Einweihung eines Biotops, wurde – basierend auf den langjährigen Erfahrungen im Biotopverbund Bodensee – ausführlich in meinem Buch »Unsere Vögel ...« (Berthold 2017) beschrieben. Die Heinz Sielmann Stiftung hat darauf aufbauend eine »Schnellschussanleitung« verfasst in einer kleinen Broschüre mit dem Titel »In 10 Schritten zum Biotop« (Brantner et al. 2020).

Im Folgenden wird die Vorgehensweise zur Schaffung neuer Biotope in allen wesentlichen Punkten ausführlich behandelt, sodass auch Laien die

Der »Inge-Sielmann-Weiher« bei Bonndorf – ein von uns renaturierter ehemaliger Klosterweiher von 1592

Chance bekommen, unter den heute und vermutlich auch künftig schwierigen Bedingungen erfolgreich zu sein. Dabei werden wie im oben genannten Buch »Unsere Vögel ...« (Berthold 2017) insgesamt zehn Aspekte behandelt.

Für gezielten Flächenerwerb – am günstigsten durch Zuteilung auf staatlichem oder kommunalem Grund, aber durchaus auch auf privatem Grund sowie durch Ankauf (weniger geeignet ist wegen der Befristung die Pacht), gibt es prinzipiell zwei Wege.

»Trotz aller Beschwörungen selbst inzwischen grüner Regierungen frisst sich der Flächenverbrauch nach wie vor ins eng begrenzte Land.«

1) Flächen. Da es in Deutschland wie inzwischen in fast allen Ländern der Erde kaum mehr Freiräume gibt, wo man selbst für gut gemeinte Biotopzwecke einfach seine *claims* abstecken könnte, steht und fällt bei uns jedes Biotopprojekt mit der Verfügbarkeit einer Fläche. Um an freie Flächen, privat oder aus der öffentlichen Hand, für neue Biotope zu gelangen, gibt es prinzipiell mehrere Wege.

Viele Bürger unseres Landes erhalten bisweilen beträchtliche Flächen durch Erbschaft oder haben sie für die Zukunft zu erwarten. Da die Erbenden die Flächen oft gar nicht selbst bewirtschaften können oder wollen, steht dann häufig die Frage im Raum, was sich damit anfangen ließe. Nicht selten entsteht der Wunsch, etwas in Richtung »Biotop« zu gestalten. Wer das vorhat, sollte möglichst schon vorab ein Konzept für bestimmte zu schaffende Lebensräume entwerfen. Dann könnte, etwa bei der Vergabe von Flächen an eine Erbengemeinschaft, gleich biotopgerecht geteilt werden und gleichzeitig ließen sich Enttäuschungen darüber vermeiden, dass in Deutschland auf einem geerbten Acker nicht einfach ein ökologisch ausgerichteter Weinberg oder gar ein Weiher angelegt werden darf.

Soll im Umfeld einer Gemeinde »einfach« nur ein für Wildtiere und -pflanzen geeigneter Lebensraum geschaffen werden, sei es – je nach Machbarkeit – ein Feuchtgebiet, eine Streuobstanlage oder auch eine Blühwiese, kommen meist verschiedene Flächen mit ganz unterschiedlichen Boden-, Wasser- und Vegetationsverhältnissen infrage. Soll es aber von vornherein ein ganz bestimmter Biotoptyp sein – etwa ein Feuchtgebiet mit Weiher – so eignen sich auf der zu einer Gemeinde gehörenden Fläche wenn überhaupt meist nur wenige Grundstücke, und die sollten dann der Reihe nach evaluiert werden.

Am günstigsten für die Schaffung neuer Biotope sind im Besitz des Staates (etwa der Bundesanstalt für Immobilienaufgaben), des Landes, des Landkreises oder der Kommunen befindliche Flächen. Sie müssen in der Regel für den angedachten Zweck nicht gekauft, sondern können für das heutzutage hochgradig erwünschte Allgemeingut »Biotop« zur Verfügung gestellt werden, sodass dann darauf »nur noch« das Biotop zu gestalten ist. Aber auch das »einfache« Bereitstellen bedeutet oft zähes Ringen, da die genannten Flächen häufig schon optional verplant sind für Bau-, Gewerbegebiete u. a. m.

Auf gutem Grund und Boden

Kommen Flächen der öffentlichen Hand nicht in Betracht und erscheinen andere Flächen nach Lage der Dinge geeignet – etwa eine Sumpfwiese in der Nähe eines Flusses und Weidendickichts für die Schaffung eines Feuchtgebiets mit größerem Weiher – dann sollte eruiert werden, aber mit allergrößter Vor- und Umsicht! Begehungen, Absichtserklärungen, Anfragen an falscher Stelle oder gar Vorplanungen können ein anvisiertes Projekt schon in der Anfangsphase zu Fall bringen oder zumindest erheblich erschweren. Um Fehler möglichst zu vermeiden, sollten deshalb willige Biotopgestalter bereits in dieser frühen Phase unbedingt eine (kleinere) Arbeitsgruppe bilden, die verschiedenes Know-how einbringt.

Nochmals zurück zum Privatgrund. In vielen Gemeinden verfügen Großgrundbesitzer wie Adlige, Klöster, Kirchen u. a. über große Flächen. Viele von ihnen sind durchaus bereit, Teilflächen für die Schaffung von Biotopen abzugeben, die dann auch nach Fertigstellung auf lange Zeit gesichert werden können – vertraglich oder auch durch Einträge im Grundbuch. Ist Großgrundbesitz im Bereich einer Gemeinde vorhanden, sollte entsprechend geprüft werden. In diesem Zusammenhang ist interessant, dass Markgraf Bernhard von Baden, ein in die skizzierte Richtung zielendes Projekt gestartet hat, nämlich: den »Verband der Familienbetriebe Land und Forst e. V.« dazu zu bewegen, auf ihren Besitztümern hochwertige Biotope einzurichten, was bereits zu ersten Erfolgen geführt hat.

2) Arbeitsgruppe Biotop. Hat jemand in einer Gemeinde die Idee entwickelt oder den Entschluss gefasst, sich für die Schaffung eines neuen Biotops stark zu machen, ist er gut beraten, wenn er das nicht als Einzelkämpfer voranzutreiben versucht. Vielen Enthusiasten fehlen oft nahezu alle Voraussetzungen dafür, wie zwei Beispiele zeigen. Immer wieder erreichen uns Anfragen wie: »Auf einem Spaziergang in der Eifel sah ich kürzlich hinter D. ein Tal mit einer nassen Wiese – könnten Sie nicht dort ein Feuchtbiotop einrichten?« Oder: »Kürzlich habe ich eine Obstwiese bei S. auf der Schwäbischen Alb geerbt und möchte dort einen Weiher für Amphibien usw. anlegen – wie kann ich das in dem sehr trockenen Gebiet bewerkstelligen?«

Beides ist absolut utopisch, und Absagen sind für Gutwillige frustrierend, für uns schmerzlich. Deshalb: Wer Biotopgestalter werden will, sollte sich zunächst einmal mit Gleichgesinnten besprechen und alsbald eine (kleine) AG bilden. In die gehören neben potenziellen Mitkämpfern – sofern vorhanden – Ortschafts- und Gemeinderäte, die ein Herz für die Natur haben, Fachleute von Umweltämtern, zuständige Naturschutzbeauftragte, Spezialisten lokaler Naturschutzverbände wie NABU, BUND und durchaus auch »brauchbare« Vertreter aus den Bereichen Jagd und Fischerei. Eine derartige AG verfügt dann über beträchtliches Fachwissen und hat Zugang zu amtlichen Unterlagen wie dem Grundbuch, während die Einbindung verschiedener Interessengruppen verhindert, dass es später zu Neid und Ablehnung kommt. Außerdem kann sich selbst eine kleinere AG gegen Widerstände aller Art besser durchsetzen als Einzelkämpfer, und sie kann auch leicht Medien ins Boot holen. Eine derartige AG wird relativ schnell herausfinden, welche Biotoptypen im Bereich einer Gemeinde sinnvoll wären, welche sich überhaupt einrichten ließen und ob z. B. das Wertvollste von allen – ein größeres Feuchtgebiet mit Weiher – geschaffen werden könnte.

In der Sielmann-Broschüre (Brantner et al. 2020) ist (nur) von einer »Biotopverbundarbeitsgruppe« die Rede. Die ist zum einen mit der hier vorgeschlagenen AG nicht zu vergleichen und überhaupt auch erst dann sinnvoll, wenn nach der fertigen Anlage von Biotopen überregional ein ganzer Biotopver-

Vernässungen im Bachuferbereich ermöglichen Auwaldbildung mit Erlen, Weiden, Traubenkirschen u. a. und bieten Lebensraum für Amphibien, Insekten, viele Vogelarten etc. Schon in erster bodendeckender Vegetation legen etliche Arten Nester an wie etwa Rotkehlchen, Zilpzalp oder – wie im Bilde – die Mönchsgrasmücke. Rechts ein Männchen, kenntlich an der schwarzen Kappe.

bund gestaltet werden soll. Dann ist in der Tat eine größere Arbeitsgruppe (im Biotopverbund Bodensee »Lenkungsgruppe«) erforderlich und zudem ein hochkarätig besetztes Kuratorium eigentlich unverzichtbar, um alle möglichen Hürden überwinden zu können (Berthold & Bublitz 2013).

3) Biotoptyp. Eine AG wird schnell herausfinden können, welcher Biotoptyp eine Gemeinde als »Arche Noah« oder »Oase aus Menschenhand« für Wildtiere und -pflanzen am besten bereichern könnte. Dabei ist auf das Prädikat »am besten« ganz besonders zu achten, und es sollte nicht ersetzt werden durch »am einfachsten« oder »am leichtesten«. Nochmals zur Erinnerung: Die wertvollsten Biotope, die wir in unserem eng begrenzten und mit menschlichen Nutzflächen vollgepfropften Land einrichten können, sind Feuchtgebiete mit Weihern und Tümpeln – sie können die größtmögliche Artenvielfalt beherbergen. Sie sollten deshalb auf der Wunschliste ganz oben stehen, und nur wenn sie im Gemeindebereich entweder schon vorhanden oder aufgrund der lokalen Gegebenheiten (trockene Karstflächen, Sandböden, nur Hanglagen usw.) überhaupt nicht realisierbar sind, sollten andere Biotoptypen angepeilt werden.

4) Machbarkeitsstudie. Für die Einrichtung einfacher Biotope wie einer Streuobstwiese (mit oder ohne altem Baumbestand und Zu- oder Neupflanzung von Bäumen, deren unbedingt erforderlicher Pflege, Schutz vor Wühlmäusen, Nutzung der Blühwiesenfläche als Mähwiese mit zweimaliger Mahd im Jahr oder durch Beweidung) wird man über eine AG leicht die erforderlichen Informationen bekommen. Sie sind bei Naturschutzbeauftragten, Landwirtschaftsämtern, Unteren Naturschutzbehörden oder Interessierten an der Grünlandnutzung erhältlich und meist auch recht einfach umzusetzen. Bei Beweidung mit Schafen, Rindern u. a. sind unbedingt Landratsämter und Veterinärbehörden zurate zu ziehen, damit die gesetzlichen Vorgaben von Anfang an berücksichtigt werden.

Wird ein Feuchtgebietskomplex mit Weiher, Tümpeln, Gräben usw. in Betracht gezogen, müssen zunächst die für Boden, Wasser und Naturschutz zuständigen Behörden (beim Landratsamt) befragt werden, ob im vorgesehenen Gebiet eine Ausnahmegenehmigung für die Einrichtung eines solchen Biotops grundsätzlich überhaupt möglich wäre oder ob unumgehbare Ausschlusskriterien vorliegen. Darunter fallen etwa Kernzonen eines Trinkwasserschutzgebietes oder geschützte (FFH-)Flächen zum Erhalt streng geschützter Arten. Liegen solche Kriterien nicht vor und käme eine Genehmigung nach entsprechender Antragstellung infrage, muss geprüft werden: Würde ein in einer mehr oder weniger sumpfigen Wiese angelegter Weiher überhaupt ganzjährig oder zumindest über längere Zeit im Jahr (ausreichend) Wasser führen oder könnte er temporär oder gar überhaupt wieder trocken fallen? Würde die Wasserzufuhr hauptsächlich über das Grundwasser oder durch Niederschlag (für einen sogenannten »Himmelsteich«) erfolgen? Diese essenziellen Fragen müssen vorab genau geprüft werden, um die Vergeudung von Geldern und den vorschnellen Eingriff in die Umgebung zu vermeiden. Dafür sind geologische und hydrologische Untersuchungen erforderlich, die in aller Regel nur in Verbindung mit Landschaftsplanungsbüros durchgeführt werden können, zumal die Erhebungen für spätere Anträge auf Genehmigungen amtlichen Charakter haben müssen.

Die zwei gängigen Maßnahmen, mit denen die zu erwartenden Wasserstände in einem prospektiven Weiher ermittelt werden können, sind Schürfen und Pegel. Bei Schürfen wird anhand von Bodenproben, die mit einem Minibagger bis in mehrere Meter Tiefe entnommen werden, geprüft, inwieweit wasser-

—
Fast subtropisch anmutende üppige Vegetation mit viel Blutweiderich und Mädesüß zwischen aufkommenden Weiden an einem Tümpel am »Heinz-Sielmann-Weiher«. Der Bewuchs hat sich bereits im zweiten Jahr nach dem Aushub von selbst wieder entwickelt.

durchlässige und -undurchlässige Bodenschichten vorliegen. Zudem gibt Schürfen darüber Auskunft, bis zu welcher Tiefe Aushub vorgenommen werden könnte, ohne dass sich ansammelndes und anstehendes Grund- und Regenwasser wieder in tiefere Schichten entweichen würde. Für einen größeren Weiher müssen Schürfen an einigen Stellen vorgenommen werden, da die Bodenverhältnisse auch über kurze Entfernungen stark wechseln können. Mithilfe von Pegeln – mehrere Meter tief senkrecht in den Boden eingebrachten Rohren – wird geprüft, ob durchgehend anstehendes Wasser vorhanden ist und wie sein Pegelstand im Jahresverlauf schwankt. Hieraus ersieht man, dass schon eine Vorprüfung für einen möglichen Weiher erhebliche Eingriffe in Grund und Boden verlangt, außerdem müssen Pegelstände mindestens ein Jahr lang kontrolliert werden, um keine unliebsamen Überraschungen zu erleben. Das heißt: Schon vor derartigen Probeuntersuchungen müssen alle Projektbeteiligten wie Grundbesitzer, Behörden, Verwaltungen usw. miteinbezogen werden, am besten auch ein Planungsbüro, das die Hauptarbeit für die Genehmigungsbeschaffung zu leisten hat. Und: Bereits diese Vorstudien kosten Geld!

5) Optimale Biotopgestaltung. Geben die Behörden nach den Vorprüfungen grünes Licht für eine Antragsstellung zur Einrichtung eines Feuchtgebietes mit Weiher, sollte nicht im Eiltempo ein Antrag eingereicht, sondern in aller Ruhe ein optimales Biotopkonzept erstellt und notfalls mit den zuständigen Behörden zäh um Optimierung verhandelt werden. Dazu gehören viele Aspekte, an erster Stelle die Größe des Weihers. Je größer ein Gewässer ist, desto mehr Arten – auch scheue, empfindliche – kann es beherbergen und umso mehr Individuen, die dann eine selbstständige Minipopulation bilden können. Da wir in Deutschland kaum noch Seen und ausgedehnte Teiche neu schaffen können, sollte ein Weiher als neues Biotop im Gemeindebereich mehrere, wenn irgend möglich, ein bis zwei Hektar große Wasserflächen haben, um ein befriedigendes Artenspektrum zu sichern. Kann diese Fläche nicht erreicht werden, sollten kleinere Weiher in Brillen- oder Hundeknochenform mit Verbindungsgräben angelegt werden, um wenig verträglichen Arten wie z. B. Blesshühnern etwas abgetrennte Lebensräume zu bieten. Würde ein größerer Weiher an teilweise durchlässigem Untergrund scheitern, sollte geprüft werden, ob einzubauende Tonschichten eine größere Wasserfläche schaffen könnten (Folien sollten für größere Gewässer im freien Gelände aus Umweltschutzgründen nicht verwendet werden).

Weiter ist sorgfältig zu überlegen, welche Bereiche des neuen Feuchtgebietes für Wildtiere und Pflanzen vollkommen geschützt und welche zumindest auf Hauptwegen bis zu Aussichtsplattformen, Beobachtungstürmen usw. für Besucher begehbar sein sollten. In streng für Wildtiere und -pflanzen geschützten Zonen genügen keinesfalls simple Abzäunungen –

—
Pflanzenteppiche wie im Bild links sind bevorzugte Orte Nahrung suchender Blesshühner (links).

Unter den Pflanzenteppichen finden viele Fische wie der Flussbarsch (rechts) Verstecke und Nahrung.

—
Auch die Wasseroberfläche wie am »Heinz-Sielmann-Weiher« entwickelt vielfach Pflanzenteppiche, etwa mit gelb blühenden Teichrosen, Seerosen, Laichkräutern, Algen u. a.

etwa durch Drähte – oder gar nur einfache Hinweisschilder: Davor machen viele »Naturfreunde«, Hobbyfotografen und Hundehalter nicht halt.

Lohnende Abwägungen

Bestens bewährt haben sich zur Besucherlenkung entlang von begehbaren Wegen Gräben oder undurchdringliche Hecken. Zudem sollte gründlich überlegt werden, inwieweit sich im Komplex zusätzliche kleine Tümpel, Flachwasserzonen, staunasse Flächen, (weitere) Gräben mit stehendem Wasser einrichten ließen, die spezielle Biotope für Watvögel, Amphibien, Wasserinsekten und viele Pflanzenarten bilden und die sich in einem Weiher – allein schon wegen seines einzubringenden Fischbestandes – nicht ansiedeln können. Alle derartigen zusätzlichen Bausteine im Feuchtgebiet können die Artenvielfalt enorm steigern und lohnen jeglichen Planungsaufwand. Ein optimaler Komplex (Heinz-Sielmann-Weiher) wird später vorgestellt.

6) Ruhezonen und Mitnahmebereiche. Viele Naturschutzgebiete leiden endlos darunter, dass sie nach dem Käseglockenprinzip eingerichtet wurden: kompletter Schutzstatus, jegliche Besucher ausgesperrt, und womöglich noch von einer Behörde mehr oder weniger gegen den Willen von Grundeigentümern ausgewiesen und etabliert. Viele dieser Schutzgebiete werden von den Bürgern immer als Fremdkörper betrachtet, lieblos behandelt, und auftretende Beeinträchtigungen werden nicht selten mit Schadenfreude quittiert. Bei den hier proklamierten Archen Noahs sollte deshalb generell so verfahren werden: in bestimmten Bereichen vollständiger Schutz für Wildtiere und -pflanzen ohne jeden Besucherzugang, in anderen Bereichen jedoch geregelter Zutritt auf festgelegten Wegen zu Beobachtungspunkten. Zur strikten Besucherlenkung eignen sich mit Geländern versehene Plattformen oder Beobachtungstürme mit Infotafeln. Derartige aktive Mitnahme von Interessierten in die neuen Lebensräume zum Kennenlernen, Naturgenuss, Staunen und Lernen ist für unsere Zwecke ein absolutes Muss! So gewinnt man Unterstützer für das Biotopprojekt und Mitbeschützer des vorliegenden Lebensraumes und trägt zu einer dringend erforderlichen Umweltbildung bei.

Für die Neuanlage von Weihern sind oft umfangreiche Baggerarbeiten erforderlich, und der Aushub muss sorgsam verplant werden – etwa zur Auffüllung von Gruben oder zur Verbesserung von Äckern.

7) Genehmigungsbeschaffung und Umsetzung. Sind alle Vorermittlungen abgeschlossen und optimale Pläne für die Biotopgestaltung skizziert, sollte mit allen Beteiligten – also Vertretern der Naturschutz-, Boden- und Wasserbehörden vom Landratsamt, Gemeindevertretern, Grundeigentümern und Mitarbeitern eines einschlägigen Planungsbüros – ein Lokaltermin vereinbart werden. Gemeinsam lotet man aus, was als genehmigungsfähig erachtet wird und was eventuell an weiteren Voruntersuchungen erforderlich ist (z. B. im Hinblick auf etwaige Altlasten aus einer früheren Müllkippe oder Bodenproben in Bezug auf die Versorgung von Aushub usw.). Dabei erfährt das Planungsbüro, in welchem Umfang und wie genau ein Antrag auf Genehmigung zu formulieren und mit welchen Unterlagen er auszustatten ist. Liegt die Ausnahmegenehmigung vor, veranlasst zumeist das beauftragte Planungsbüro eine öffentliche Ausschreibung für die Durchführung der erforderlichen Bagger-, Transport- und sonstigen -arbeiten, damit kostengünstig vorgegangen werden kann. Nach Abschluss aller Erdbewegungen wie Aushub, Fluten eines Stillgewässers, Einebnen von umgebenden Flächen usw. werden dann Aussaaten und Anpflanzungen von standortgeeigneten Pflanzengesellschaften vorgenommen – und dann kann sich das neue Biotop rasch entwickeln und beleben. Oft sind schon im zweiten Jahr kaum noch »Narben« in der Landschaft zu erkennen, und neue Arten stellen sich nicht selten bereits während der Bauphase ein!

8) Finanzierung, Mittelbeschaffung. Natürlich muss man sich über die beiden hier genannten Punkte schon vor Antragstellung auf Genehmigung eines Biotops Gedanken machen, da ja bereits die Einschaltung eines Planungsbüros, Schürfen und Pegel usw. Geld kosten. Aber: Mittel für ein neues Biotop sind in unserem recht reichen Land *immer* zu beschaffen, oft sogar sehr leicht, und manchmal fallen sie einem geradezu in den Schoß. Das ist z. B. dann der Fall, wenn eine Fläche durch die Neuschaffung eines hochwertigen Biotops – etwa eines artenreichen Feuchtgebiets ohne Eingriff in eine dort befindliche Moorfläche (was sozusagen Strafpunkte mit sich bringen kann) – derart viele sogenannte Ökopunkte erbringt, dass mit deren Verkauf die Kosten für das gesamte Biotopprojekt vollständig gedeckt werden. Ökopunkte sind bekanntlich eine Art neuer »Ökowährung«, mit der in vielen Regionen gesetzlich vorgeschriebene Ausgleichsmaßnahmen abgegolten werden können.

Neben der Ausschau nach lokalen Sponsoren, die fast immer zu gewinnen sind, sollte für jedes Projekt sorgfältig geprüft werden, welche offiziellen Zuschüsse und Förderungen aus der Gemeinde, dem Kreis, dem Land, aus lokalen Stiftungen usw. erhältlich sind und wie man an sie gelangt. Bislang ist in Deutschland noch kein ernsthaft vorangetriebenes Arche-Noah-Projekt an der Finanzierung gescheitert!

9) Trägerschaft. Gelingt es in einer Arbeitsgruppe – allein oder in Verbindung mit einer Stiftung oder sonstigen Einrichtung –, ein neues Biotop zu schaffen, stellt sich die Frage, in wessen Besitz, Träger- oder Schirmherrschaft es sich danach befinden soll. Wurde die Fläche für einen neuen Lebensraum von einer Gemeinde, dem Kreis oder Land zur Verfügung gestellt, wird das neue Biotop normalerweise beim Grundeigentümer verbleiben. Wie auch immer – idealerweise ist eine Übernahme durch die Gemeinde anzustreben, auf deren Bereich sich der Lebensraum befindet. Dafür spricht eine Reihe von Gründen. Erstens: Bürger einer Gemeinde identifizieren sich am ehesten mit einem neuen Biotop, wenn es zu ihrer Gemeinde gehört. Zweitens: In einem im Gemeindebesitz befindlichen Biotop kann z. B. der Bauhof meist problemlos gewisse Pflegearbeiten wie gelegentlichen Rückschnitt von Hecken entlang eines Besucherweges, Auffüllen von Schlaglöchern, Aufstellen eines Krötenzaunes im Frühjahr usw. durchführen. Und drittens lassen sich mit dem Gemeinderat wichtige Regeln wie Wegegebote, Anleinpflicht für Hunde, Verbote von Angeln, Bootfahren und Schlittschuhlaufen oder die Entnahme von Pflanzen beschließen. Mit einer ortspolizeilichen Verordnung lassen sie sich dann auch leicht durchsetzen und notfalls ahnden. Damit erreichen Archen Noahs einen weit effektiveren Schutzstatus als fast alle unsere Naturschutzgebiete! Selbstverständlich sollte jedes Biotop mit einem schönen Bürgerfest zünftig eingeweiht werden – das schafft Freude und Freundschaften, fördert neue Begegnungen mit der Natur und ebnet Wege für weitere Vorhaben. Und es zeigt: Naturschutz kann durchaus mit viel Bürgernähe angegangen werden!

10) Optimale Biotoperhaltung und Monitoring. Manche unserer neu geschaffenen Biotope wie Blühwiesen, Streuobstanlagen, Heckengürtel u. a. verlangen ständige Pflege wie Mahd oder Beweidung, regelmäßigen Baumschnitt, Freihalten und Mulchen von Baumscheiben. Optimal geplante Feuchtgebiete bedürfen oft über viele Jahre hinweg kaum der Pflege, aber von Zeit zu Zeit können größere Maßnahmen wie Entschlammen von Vorflutern, Nachtiefen von Gräben oder Entbuschung von Inseln und Ruderalflä-

…ussichtsplattfor-
…nen – wie im Bild am
»Heinz-Sielmann-Wei-
…er« – eignen sich einmal
…ur Besucherlenkung und
…ieten Interessierten Ein-
…licke in die Kernzonen
…eu angelegter Biotope.

chen notwendig werden. Sie werden bei der Behandlung der einzelnen Biotoptypen thematisiert. Für die Praxis empfiehlt es sich, dass die für die Schaffung neuer Schutzgebiete eingerichtete Arbeitsgruppe auf Dauer bestehen bleibt, um den Werdegang der Biotope zu begleiten, erforderliche Eingriffe rechtzeitig einzuleiten und vor allem auch mithilfe von Fachleuten die Entwicklung der Tier- und Pflanzenwelt zu dokumentieren. Derartiges Monitoring zeigt zum einen in aller Regel schnell, wie sinnvoll und notwendig es war, ein bestimmtes Biotop einzurichten und wie lohnend Mittel dafür eingesetzt wurden. Vor allem aber: Die regelmäßig zu beobachtenden positiven Entwicklungen sind – schwarz auf weiß festgehalten – Lohn für die AG und alle Interessierten und meist auch Ansporn zu weiteren Spenden und Taten!

Wer vorhat, einen ganzen Biotopverbund einzurichten, benötigt dafür, wie oben schon angedeutet, starke Partner und am besten auch eine Stiftung. Die in Deutschland kompetenteste mit langjährigen Erfahrungen in allen Landesteilen und Biotoptypen ist zweifellos die Heinz Sielmann Stiftung. Sie ist – von mittlerer Größe – ausreichend finanzkräftig, um Biotopverbünde zu realisieren, und legt ihre Spendenmittel fast ausschließlich in Deutschland an, sodass geschaffene Projekte gesichert und kontrollierbar sind und gepflegt werden können. Über ihre Biotopverbundsarbeit informiert die Broschüre von Heinze et al. (2022).

Der Graureiher – früher Fischreiher und als Fischdieb verteufelt – ist unser häufigster Reiher und kommt in allen unseren Feuchtbiotopen vor. Wegen seines hohen Mäuseverzehrs sollte er Mäusereiher heißen.

EINBLICKE

Neue Biotope,
letzte Rettung
und Wunderwelt

PARADIESISCH

Feuchtgebiete – Archen der Artenvielfalt

In unserem relativ kleinen, dicht besiedelten Land mit nahezu vollständig genutzten Flächen für Siedlungen, Gewerbegebiete, Verkehrswege, Land-, Forst- und sonstige Wirtschaft ist die Anlage von großen Gewässern wie Stauseen zur Energiegewinnung, zur Trinkwasserversorgung oder zum Schutz vor Hochwasser weitestgehend abgeschlossen und heutzutage kaum noch durchsetzbar und möglich. Nur im Osten Deutschlands werden zurzeit noch Kohlegruben geflutet und zu Binnenseenlandschaften entwickelt wie im »Lausitzer Seenland«. In anderen Regionen kommt es nur noch in geringem Maße zur Verfüllung größerer aufgelassener Kiesgruben mit Wasser. Was sich für die Einrichtung von Archen Noahs im Bereich der Wasserflächen anbietet, sind Weiher, Tümpel, Gräben und Feuchtwiesen mit Blänken (flache natürliche Wasseransammlungen mit meist jahreszeitlich wechselndem Wasserstand) – sie werden im Folgenden der Reihe nach behandelt. Abschließend soll es kurz um die Auwälder gehen, die aber hier eine untergeordnete Rolle spielen, da sie durchweg der Forstwirtschaft unterliegen. Das gilt auch für ihre Neuanlage, die zudem langwierig und im Hinblick auf das klimabedingte Waldsterben mit großen Schwierigkeiten verbunden ist.

Links: Seltene Fischarten wie die Karausche werden aus alten Gewässern in neue Biotope umgesiedelt. In einigen unserer neuen Biotope ist erfreulicherweise die seltene Sumpfgrille anzutreffen (rechts).

Totholz gefallener Bäume ziert nicht nur viele Biotope, sondern bietet auch willkommene Ansitze für Reiher, Greif- und Eisvogel. Unter Wasser bietet es vielfältige Versteckmöglichkeiten – vor allem für Jungfische.

Mancher mag sich wundern, dass in der Auflistung Moore aller Art fehlen, also Hoch-, Nieder- und Übergangsmoore. Sie bleiben hier aus gutem Grund ausgeklammert. Zum einen genießen bei uns nahezu alle verbliebenen Moore seit geraumer Zeit Schutzstatus, meist als Naturschutzgebiete, was Eingriffe, selbst zu ihrer Aufbesserung, weitgehend ausschließt. Da viele Moore wegen seit Langem praktizierter Entwässerung sowie durch die Klimaerwärmung von Austrocknung bedroht sind und dabei enorme Mengen an klimaschädlichen Gasen freisetzen, sind sie seit einiger Zeit in den Fokus des staatlichen Natur- und Umweltschutzes gerückt. Das hat eine Fülle von Wiedervernässungsmaßnahmen – auch mit Moorweihern – in Gang gebracht. Damit sind Moore sozusagen in guten Händen und bedürfen zumindest keinerlei Betrachtung aus der Sicht unseres Archen-Noahs-Konzeptes.

Am »Heinz-Sielmann-Weiher« und seinen Gräben lassen sich im Laufe des Jahres rund 30 Libellenarten beobachten – darunter auch Prachtlibellen.

In den Biotopen unseres Verbundes gedeihen über zehn Distelarten, darunter in einigen die recht seltene Bach-Kratzdistel (oben); in manchen ist auch die schmucke Wespenspinne (unten) recht häufig.

LEBENDIG

Weiher – und wie kleine Inseln Wunder wirken

Für die Darstellung dieses wichtigsten Biotoptyps wählen wir als Musterbeispiel den Heinz-Sielmann-Weiher im Biotopverbund Bodensee auf Gemarkung der Gemeinde Billafingen im Billafinger Urstromtal. Auf einer landwirtschaftlich intensiv genutzten und im Herbst wie ausgeräumt wirkenden Fläche mit wenigen Bäumen und Sträuchern wurde im Bereich eines aufgelassenen Maisfeldes mit inzwischen aufkommendem Schilf (Abb. links unten) im Jahr 2023 ein Weiher konzipiert und danach mit der Gemeindeverwaltung und in der Öffentlichkeit ausführlich diskutiert. Nachdem die Zustimmung erfolgt und vom Landratsamt eine Ausnahmegenehmigung für die Einrichtung eines Feuchtgebietskomplexes in Aussicht gestellt worden war, tauschte man die im Besitz eines Landwirtes befindliche Maisackerfläche gegen einen anderen, von der Heinz Sielmann Stiftung erworbenen Acker auf derselben Gemeindefläche. Vom Land kaufte man ein weiteres Stück Feuchtwiese hinzu, sodass bald ein umfassendes Feuchtgebietsmosaik auf reichlich 40 Hektar eingerichtet war und der Weiher im Herbst 2005 geflutet werden konnte.

Wegweisend

Das hier dargestellte Projekt Heinz-Sielmann-Weiher und Biotopmosaik kann als optimal gelten und lässt sich natürlich in dieser Größe und Mannigfaltigkeit nicht überall einrichten. Wenn möglich, ist es aber in ähnlicher Form anzustreben. Andererseits sollte man sich durch dieses ideale Gebilde nicht entmutigen lassen. Oft lässt sich schon z.B. mit der Entschlammung eines früher intakten Weihers viel erreichen. Neben der Entschlammung und Wiederbelebung des Wasserkörpers für Fische, Vögel, Wasserinsekten und -pflanzen – meist auch Amphibien – lässt sich oft noch eine ganze Reihe weiterer verbessernder Maß-

Unten links: Ein ehemaliger Maisacker mit aufkommendem Schilf bot sich für die Anlage des »Heinz-Sielmann-Weihers« an, der im März 2005 geflutet werden konnte (unten rechts). Rechts: Luftaufnahmen des Weihers und seiner benachbarten Biotope mit Ansichten im Sommer (oben links), im Winter (oben rechts) und im zeitigen Frühjahr vor Beginn der neuen Vegetationsperiode (unten). Näheres dazu Seiten 70 und 71.

HEINZ-SIELMANN-WEIHER

LAGE: Im Biotopverbund Bodensee auf der Gemarkung der Gemeinde Billafingen im Billafinger Urstromtal

DAS FEUCHTGEBIET umfasst folgende Elemente:

1) **WEIHER** [1], 1,3 ha Wasserfläche, circa 15 000 m^3 Volumen, bis zu 4 m tief, mit 3 Inseln

2) **7 TÜMPEL** [2]–[8], davon 4 teichartige [2]–[4], [6], 2 mit breitem Graben verbunden [3] und [4], sowie 3 Flachwassermulden

3) **1,25 KM GRÄBEN** [9]–[13], davon 800 m Ringgraben als eine Art Schutzzaun um den gesamten Weiherbereich [14]

4) **ETWA 1 KM FELDHECKEN** z. T. Benjeshecken, alle 5–10 m breit, vor allem [15]–[17]

5) **AUSGEDEHNTE SCHILFBEREICHE**, besonders [18]–[20]

6) **WASSERBÜFFELWEIDEN**, insgesamt circa 30 ha, [21]–[23]

7) **RINDERWEIDE** [24]

8) **MÄHWIESE** [25]

9) **BESUCHERPLATTFORM** am Weiher [26]

10) **2 PARKPLÄTZE** für Besucher [P]

ZUM BIOTOPKOMPLEX gehören zudem Baum- und Strauchbestände mit Gräben und Streuwiesenbereichen um die Kläranlage der Gemeinde [K], Streuwiesen zwischen der Kläranlage und dem Parkplatz, ebenfalls mit Gräben, der die Talaue und sein Umland entwässernde Hauptgraben (Kaisergraben), der zwischen den Streuwiesen und dem Weiher (parallel zum Ringgraben verläuft [KG]), sowie ein Birnensorten-Erhaltungsgarten mit circa 4 ha Fläche, der sich mit Streuobstbeständen nach Süden anschließt [BEG].

AN DEN TÜMPELN [2] und [5] sind auf ausgedienten Strommasten Plattformen für Storchennester montiert.

EIN KRÖTENZAUN wird im März und April entlang der Landstraße aufgestellt, hinter dem freiwillige Helfer Tausende von Amphibien einsammeln und über die Fahrstraße tragen (siehe Pfeile).

↓
P
→ ↓
KG
K
2
24
12
1
6
23 →
10
26
18
19
3
11
4
21
16
7
5
15
8
20
14
13
25
9
22 ↘
BEG ↓
P >

nahmen auf den Weg bringen. Ganz wichtig ist die Einrichtung von Inseln. Sie stellen Brut-, Rast- und Ruheplätze par excellence dar, absolut unzugänglich und damit weitgehend störungsfrei – oft das entscheidende Kriterium für die Ansiedlung empfindlicher Arten wie Gänse, Taucher u. a. als Brutvögel oder zur Rast einfallender scheuer Durchzügler wie Limikolen. Inseln sollten daher in keinem Weiher fehlen.

In größeren Teichen können es mehrere (wie auf den vorhergehenden Seiten beschrieben) oder auch eine ganze Reihe sein, aber auch in kleinsten Tümpeln wirken Inseln Wunder. Bei ihrer Anlage ist darauf zu achten, dass größere Wasserflächen – etwa als Lande- und Startbahn für schwerfällige Wasservögel wie Schwäne – frei bleiben. Inseln sind zudem so zu gestalten, dass sie zumindest teilweise flach ins Wasser übergehen, sodass sie auch von sehr kleinen Jungvögeln wie Entenküken und Gänsegösseln bequem beklettert werden können.

Wassertiefe und Bepflanzung

Ein wichtiges Thema ist bei der Neuanlage wie auch bei der Entschlammung von Weihern die Wassertiefe. Sie richtet sich zum Teil nach der Bodenbeschaffenheit (Wasserdurchlässigkeit), ist eine Kostenfrage (je tiefer, desto mehr Aushub, dessen Abtransport Geld kostet) und hat zudem ökologische Relevanz. Für sehr viele Weiher besiedelnde Tiere und Pflanzen reicht eine mäßige Tiefe von etwa zwei Metern aus, wobei der Untergrund zum Ufer hin zu Flachwasserzonen ansteigen kann. In flacheren Uferbereichen kann sich unerwünscht Schilf ansiedeln, an tieferen Steilufern kaum, zumal viele Arten wie Biber, Bisam, Blesshühner u. a. randnahe Schilfzonen stark verbeißen und so Verlandung weitgehend verhindern. Am Heinz-Sielmann-Weiher ist Schilf im gesamten Uferbereich innerhalb von zehn Jahren an keiner Stelle wasserwärts vorgerückt.

Da sich flache Weiher im Sommer aufheizen können, werden mitunter für empfindliche Fischarten kritische Temperaturen erreicht – das wird im Zuge der Klimaerwärmung verstärkt der Fall sein. Deshalb sollten an einigen, wenn möglich der Sonne eher weniger ausgesetzten Stellen tiefere Gumpen geschaffen werden (von etwa vier bis fünf Metern Tiefe), in deren Kühle sich Fische bei großer Hitze und auch im Winter zurückziehen können. Neben Inseln helfen im Uferbereich Gräben, Ruhezonen abzutrennen oder Röhrichtbereiche vor unliebsamen Besuchern zu schützen.

Wurde ein Weiher frisch angelegt, stellt er in den ersten Wochen und Monaten meist nicht gerade eine Augenweide dar, sondern erinnert eher an eine »abgesoffene« Grube. Für rasches und für die Besiedlung durch Tiere äußerst effizientes Grün sorgt die Aussaat von Rohrkolben. Im Herbst gesammelte und im Winter vernalisierte Kolben werden in der Zeit von April bis Juni am Weiher zerpflückt, und die »Wattebäuschchen« lässt man am besten bei quirligem Wind auf der

Der »Heinz-Sielmann-Weiher« ist nicht nur ein Eldorado für Tiere und Pflanzen, sondern auch landschaftlich ein Schmuckstück für die Gemeinde Billafingen im eiszeitlichen Urstromtal.

Die Entwicklung der Vogelwelt am »Heinz-Sielmann-Weiher« von 1971 bis bis 2022: Nach einem Rückgang der insgesamt beobachteten Arten zwischen den Jahren 1971 und 2003 von 115 auf 101 Arten stieg ihre Anzahl mit Einrichtung des Weihers kontinuierlich an. Im Jahr 2022 zählte man 183 Arten. Die jährlich beobachtete Anzahl nahm von 55 auf weit über 100 zu und die der Brutvogelarten von 39 auf bis zu 72, mit maximal 354 Brutpaaren.

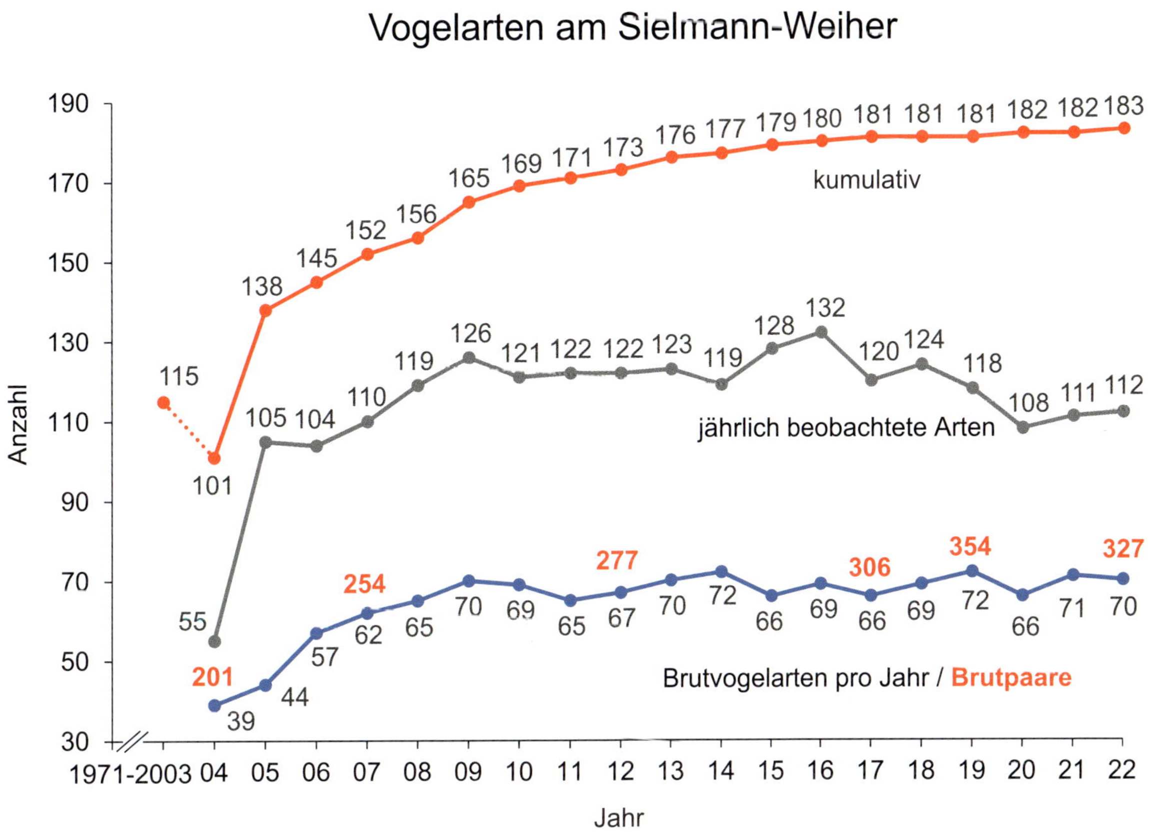

Wasseroberfläche treiben. Im Laufe der Zeit setzen sie sich an allen Uferbereichen fest, wo die kleinen Samen dann absinken und keimen. Nach einigen Wochen entsteht eine an Seegras erinnernde submerse Pflanzengesellschaft. Haben die Blätter die Oberfläche erreicht, wachsen sie eine Zeit lang horizontal und dann wieder senkrecht weiter, wobei sie durch Torsion ihre stabile Rohrkolbenblattstellung erreichen. Im Winter bilden die absterbenden Blätter eine robuste Knickschicht, in der bereits im nächsten Frühjahr Bless-, Teichhuhn, Wasserralle, Zwergtaucher u.a. nisten können. Im zweiten Jahr fruchten die Rohrkolben und vermehren sich fortan von selbst.

Neben Rohrkolben eignet sich am Weiherufer unbedingt Schilfbewuchs. Röhricht bietet vielen Tieren – von Insekten bis Säugetieren – besonders günstigen Lebensraum. Kommt Schilf bereits in der Nähe vor, kann man seine Ausbreitung zum neuen Weiher hin abwarten, ansonsten pflanzt man es am besten büschelweise aus, möglichst aus autochthonen Beständen.

In Zukunft werden wir bei der rasant fortschreitenden Wasserverknappung in Hitze- und Trockenperioden eine Vielzahl an Wasserspeichern benötigen. Dabei wird – etwa im Streuobstbereich – die Anlage von Weihern mit Doppelfunktion als Wasserlieferant und Lebensraum für Pflanzen und Tiere an Bedeutung gewinnen und Biotopgestaltern große Chancen bieten.

»In Zukunft werden wir bei der rasant fortschreitenden Wasserverknappung in Hitze- und Trockenperioden eine Vielzahl an Wasserspeichern benötigen. Dabei wird die Anlage von Weihern mit Doppelfunktion als Wasserlieferant und Lebensraum für Pflanzen und Tiere an Bedeutung gewinnen und Biotopgestaltern große Chancen bieten.«

—

Die Graugans (oben) – in unser Gebiet aus den ehemaligen Beständen von Konrad Lorenz aus dem Raum München zugewandert – brütet inzwischen in einer ganzen Reihe unserer neu angelegten Weiher.

—

Silberreiher (rechts) sind nicht nur Schmuckstücke unserer Vogelwelt, sondern können infolge von Bestandszunahme praktisch im ganzen Land in Feuchtgebieten, aber auch auf Wiesen und Feldern, beobachtet werden.

—

Nächste Doppelseite: Die Große Heidelibelle im sogenannten Paarungsrad – eine in Europa weit verbreitete und derzeit nicht im Bestand gefährdete Art.

KLEIN, ABER OHO

Die rettende Kraft der Tümpel

Tümpel waren früher in unserem Land fast überall anzutreffen, selbst in sandigen Gegenden und Karstgebieten. Für ihre Existenz reichten kleinere wasserundurchlässige Stellen, die Staunässe ermöglichten, sowie gelegentlicher Niederschlag zur Bildung derartiger »Himmelsteiche« aus. In manchen geologischen Formationen wie dem Knollenmergel im Keuper traten sie teilweise gar wie gesät auf. Leider sind vor allem in den letzten gut 200 Jahren unzählige Tümpel verschwunden, die meisten wurden zugeschüttet, weil sie der immer intensiveren Landwirtschaft im Wege waren, viele weitere wurden im Laufe der Zeit überbaut.

Dabei sind Tümpel enorm wichtig für die Ausbildung und den Erhalt von Artenvielfalt in unserer Mosaiklandschaft. Sie beherbergen eine Fülle von Insekten, Amphibien und Reptilien – und auch viele

Die Gelbbauchunke – bei uns in mehreren neuen Biotopen zu Hause – begnügt sich oft mit kleinen Wasserlöchern; bisweilen sogar mit Rinnen von Fahrzeugen, wenn in ihnen Wasser ansteht.

Vögel, die sie als Trittsteine auf dem Zug durchs Land oder als Tränke in der heißen Jahreszeit nutzen; und auch für viele Säugetiere sind sie äußerst wertvoll. Da in Tümpeln meist keine Fische leben, können sich in ihnen – wie in Gräben mit stehendem Wasser – viele Arten erfolgreich vermehren. Neben diversen Wasserpflanzen helfen sie auch Landpflanzen in der Umgebung, nämlich durch Taubildung, die in Trockenperioden oft lebenserhaltend sein kann.

Kleinere Tümpel haben gegenüber Teichen und Weihern den Vorteil, dass man für ihre Einrichtung – vor allem auf Privatgrund – entweder keine spezielle Genehmigung benötigt oder dass derartige Genehmigungen leichter und schneller zu erlangen sind. Außerdem kann man bei Tümpeln auch eher Folien einsetzen, um dauerhaft oder längerfristig anstehendes Wasser zu sichern. In manchen Fällen können Quellen oder zeitweise stark wasserführende Bäche die Tümpel speisen. Wenn Tümpel auch relativ klein sind, so ist wichtig, sie dennoch nicht zu flach zu gestalten. Sie sollten zumindest teilweise mehr als einen Meter Tiefe aufweisen, wenn möglich in Teilbereichen auch gegen zwei Meter. Dann frieren sie bei strengem Frost nicht bis zum Grund durch und erlauben so vielen Arten, eventuell auch kleineren Fischen wie Moderlieschen, unbeschadet durch den Winter zu kommen.

–
ür Erdkröten typische sogenannte Laichschnü-re, die in vielen von uns angelegten Gräben oft ein dichtes Netzwerk bilden und ganze Heerscharen von Kaulquappen ent-assen

»Dabei sind Tümpel enorm wichtig für die Ausbildung und den Erhalt von Artenvielfalt in unserer Mosaiklandschaft. Sie beherbergen eine Fülle von Insekten, Amphibien und Reptilien – und auch viele Vögel, die sie als Trittsteine auf dem Zug durchs Land oder als Tränke in der heißen Jahreszeit nutzen; und auch für viele Säugetiere sind sie äußerst wertvoll. Da in Tümpeln meist keine Fische leben, können sich in ihnen – wie in Gräben mit stehendem Wasser – viele Arten erfolgreich vermehren.«

—

Erdkröten-Männchen bespringen oft schon während der Wanderung zu geeigneten Laichplätzen Weibchen, um sich mit festem Klammergriff im Huckepack transportieren zu lassen. Viele Männchen umklammern aber Weibchen erst nach Erreichen der Laichplätze. Am »Heinz-Sielmann-Weiher« sind dies vor allem Gräben.

BELEBEND
Gräben und Bäche

Auf Bäche, also kleinere Fließgewässer, bekommt man im Hinblick auf Biotopverbesserungen selten Zugriff – sie unterliegen fast durchweg strengen Schutzvorschriften durch die Wasser- und Naturschutzbehörden. Während früher – etwa für die Forellenzucht – ein Bachlauf zu Teichen oder Weihern erweitert werden konnte, sodass der Bach in eine teichartige Erweiterung oben einmündet und sie unten wieder verlässt, um danach eventuell weitere Teiche zu füllen, ist das heute streng verboten. Der Hauptgrund liegt darin, dass durch derartige »eingebaute« Teiche der Bachlauf in seiner Ökologie unterbrochen wird und für viele bachauf- und -abwärts wandernde Arten als Lebensraum weitgehend verloren geht. Zudem erfahren Bäche durch eingebaute Teiche meist eine gewisse unerwünschte Eutrophierung.

Was gelegentlich möglich und sogar erwünscht ist: die Renaturierung einst begradigter und z. T. in Beton-Halbschalen gezwängter oder gar in Rohre verdolter Bachbereiche. Dabei kann ein Bach durch Mäander, Steine, Wurzelstöcke und Gumpen wieder idealer Lebensraum für viele Tiere und Pflanzen werden, bis hin zu seltenen Fischarten wie Salmoniden.

Was grundsätzlich von den zuständigen Behörden erlaubt werden kann, ist die Nutzung eines Fließgewässers im sogenannten Seitenanschluss. Wird etwa ein Weiher in einer Feuchtwiese neben einem Bach angelegt und mangelt es ihm dort zeitweilig an Wasser, kann vom benachbarten Bach ein kleiner Teil seines Wassers zum Auffüllen abgezweigt werden. Abgesehen davon, dass ein derartiges Verfahren auch in der Praxis mit vielen Schwierigkeiten verbunden ist (Einbau von verstellbaren Wehren u. a.), wird dies im Zuge der Klimaerwärmung, in deren Folge inzwischen sogar flussähnliche Bäche trockenfallen können, in Zukunft wohl als biotopverbessernde Maßnahme mehr und mehr ausscheiden.

Wer sich wundern mag, dass hier zwar Gräben und Bäche behandelt, Flüsse aber ausgespart bleiben, dem sei gesagt: Flüsse unterliegen derart vielen Bestimmungen, Verordnungen und Reglements, dass Eingriffe an ihnen zur Lebensraumverbesserung für

Ein weit verbreitetes Übel: schnurgerade, oft in Betonhalbschalen gefasste Bäche, ohne jeden Bewuchs – ökologisch tote Abflussrinnen in meist ausgeräumter Agrarsteppe, wie der Hangenbach bei Salem.

—
Derselbe Hangenbach wie links im Bild – ist nach Renaturierung und Erweiterung der Randbereiche nicht wiederzuerkennen. So können ihn sogar Seeforellen vom Bodensee wieder durchwandern bis an Laichplätze im Oberlauf.

Tiere und Pflanzen nur von Behörden vorgenommen oder angeordnet werden können, etwa zur Renaturierung von Flussabschnitten, bei der Verlagerung von Flüssen oder bei der Schaffung von Hochwasserrückhaltebecken.

Für Biotopgestalter sind vor allem Gräben verschiedenen Typs von Interesse. In vielen Feuchtgebieten wurden zwischen Parzellen von Wiesen und Feldern Gräben zur Entwässerung angelegt, die häufig von Zeit zu Zeit ausgetieft und so wieder funktionsfähig gemacht werden. Kommen derartige Gebiete als Archen Noahs in Betracht, lassen sich solche Gräben nicht nur vertiefen, sondern auch verbreitern, ihr meist langsamer Abfluss lässt sich dabei weiter reduzieren oder gar stoppen. Auf diese Weise entstehen mit wenig Aufwand ideale Wasserkörper für viele Lebewesen bis hin zu extrem seltenen Arten wie dem Schlammpeizger. Und natürlich können sie auch, wie oben für den Heinz-Sielmann-Weiher beschrieben, in verschiedener Form, Ausprägung und Länge bis zu einem ausgedehnten Ringgraben als »Schutzzaun« gestaltet werden.

Ähnlich wie Tümpel stellen Gräben wertvolle Lebensräume dar, die sich neben Teichen und Weihern keineswegs erübrigen – im Gegenteil, sie bereichern die Artenvielfalt ungemein. Auch sie beherbergen meist keine oder nur kleinere Fische, erreichen schnell und andauernd hohe Wassertemperaturen, sind oft schlammig-torfig und bilden damit Lebensraum für ganz eigene Tier- und Pflanzengesellschaften. Im Feuchtgebiet Sielmann-Weiher ist der Weiher von zahlreichen Wasserfröschen besiedelt, während bis über 5000 Erdkröten und Grasfrösche ausschließlich im Ringgraben und den verschiedenen Gräben im Feuchtwiesen- und Weidebereich leben oder laichen und dann von dort aus wieder in Wiesen und Wälder zurückkehren. Und auch die circa 200 Laubfrösche im Gebiet nutzen vor allem die Gräben und Flachwassermulden.

Können Gräben für den Erhalt und die Förderung von Artenvielfalt neu angelegt oder zumindest ausgebaut werden, empfiehlt sich eine Breite von zwei bis drei Metern und eine Tiefe von ein bis zwei Metern, vor allem bei Ringgräben mit Schutzfunktion als eine Art Zaun um Weiher oder sonstige Ruhezonen. Bei derartigen Ausmaßen werden sie weder leicht von ungebetenen Gästen wie unvernünftigen Besuchern, Hunden, Beutegreifern wie Füchsen u.a. überwunden, noch verlanden sie schnell.

Der beliebteste unserer heimischen Frösche – der Laubfrosch – besiedelt viele unserer neuen Biotope. Im Bereich des »Heinz-Sielmann-Weihers« leben inzwischen an die 200.

Für viele Amphibien und andere Feuchtgebietsbewohner bedarf es oft gar nicht großer, nur mit viel Aufwand einzurichtender Weiher – sie besiedeln oft schon in großer Zahl Tümpel (oben) oder aufgestaute Kleingewässer (unten).

BEREICHERND

Feuchtwiesen aller Art

Lassen sich in Feuchtbereichen neue Biotope in Form von Weihern, Tümpeln und Gräben anlegen, befinden sich im Umfeld in der Regel auch mehr oder weniger feuchte Wiesen. Dabei ergibt sich schnell die Frage nach ihrer Nutzung, die meistens notwendig ist, um Verbuschung und Waldbildung zu vermeiden. Mahd ist eine Lösung, weit besser ist jedoch die Beweidung. Ist Beweidung mit Rindern, Wasserbüffeln usw. möglich und regelmäßiges Befahren mit Mähmaschinen nicht erforderlich, können Teile von Wiesen mit Staunässezonen bereichert werden. »Bereichert« ist hier der richtige Ausdruck, denn derartige Wiesenbereiche mit flach anstehendem Wasser beherbergen viele Nässe liebende Pflanzen, Insekten und Amphibien, locken Vögel wie Wat- und Wasservögel an und verbessern das Mikroklima im Umfeld.

Nicht verschwiegen werden darf die Problematik von Drainagen – sie können, wenn nicht gebührend beachtet, Biotopmaßnahmen stark negativ beeinflussen. Die Feuchtgebiete in unserem Land sind in den letzten rund 200 Jahren mit ganzen Netzwerken von Drainagen durchzogen worden, um Nutzflächen zu entwässern und ihre Bewirtschaftung zu erleichtern. Für die Entwässerung wurden anfänglich hohle Baumstämme und Holzrinnen verwendet, später Ton- und Betonrohre und heutzutage meist Kunststoffrohre. Die in neuerer Zeit verlegten Drainagen sind für kommunale Grundstücke häufig in speziellen Karten verzeichnet, die man bei Gemein-

—
Nasse ehemalige Streuwiesen mit Riedgräsern (unten links) eignen sich weder zur Mahd noch als Kuh- oder Schafweide, sind aber idealer Lebensraum für eine immer mehr verbreitete Art, den Wasserbüffel.

Wasserbüffel sind in aller Regel sehr zahme Haustiere, die sich gut zu verschiedenen Weiden transportieren lassen (S. 90, rechts). Die geselligen Tiere (oben), die Riedgräser, Schilf, Disteln u. a. verwerten können, sind unübertroffene Landschaftspfleger im Streuwiesenbereich und werten ihre Weideflächen ökologisch stark auf.

deverwaltungen einsehen kann, während sie früher und auf vielen Privatgrundstücken generell »wild« verlegt wurden. Die meisten Drainagen findet man bei der Anlage von neuen Biotopen bei Bodenaushubarbeiten und kann sie dabei leicht entfernen. Werden aber nur Verbesserungsmaßnahmen wie Ausschlammen, Nachtiefen usw. durchgeführt, können sie verborgen bleiben, ebenso bei der Neuanlage von Weihern und Tümpeln, wenn Entwässerungsrohre gerade erst dort beginnen, wo die Aushubarbeiten enden. Solche übersehenen Drainagen können später – manchmal erst nach einiger Zeit, wenn sich Wasser einen Weg zu ihnen gebahnt hat – viel Unheil stiften. So ist infolge einer übersehenen alten Hauptdrainage am Sielmann-Weiher wochenlang der Ringgraben immer wieder leergelaufen, bis der »Übeltäter« schließlich nach mühsamer Suche entdeckt werden konnte. Also: Bei der Biotopgestaltung in Feuchtgebieten sorgsam auf Altlasten in Form von Drainagen achten!

—

Zwei selten gewordene Feuchtgebietsbewohner: die Schachblume (links, mit Hummel) verschwand vielerorts infolge von Trockenlegungen und übermäßiger Entnahme. Sie konnte am »Heinz-Sielmann-Weiher« wieder angesiedelt werden. Der Feuersalamander (rechts) ist stark gefährdet durch Verlust von Lebensraum, Verkehr und eine tödliche Pilzkrankheit.

»Wiesenbereiche mit flach anstehendem Wasser beherbergen viele Nässe liebende Pflanzen, Insekten und Amphibien und locken Vögel wie Wat- und Wasservögel an.«

SCHÖN WILD

Au-, Bruch-, Sumpfwälder – »Amazonien« in Deutschland

Die Au-, Bruch- und Sumpfwälder Mitteleuropas stellen zusammen mit meist eingestreuten Gewässern die artenreichsten Lebensräume in unserer Region dar und sind durchaus mit den tropischen Regenwäldern vergleichbar. So weisen Au- wie Regenwälder eine sehr starke Biomasse(-Primär)-Produktion auf und ermöglichen z. T. gigantisches Baumwachstum. Sie führen bei manchen Arten zur Bildung von Brett- und Stelzwurzeln (z. B. bei Pappeln, Ulmen bzw. Erlen und Weiden) und beherbergen »Lianen« (Waldrebe, Efeu, wilde Weinreben). Auwälder erstreckten sich nach der letzten Eiszeit auf etwa fünf Prozent der heutigen Landesfläche und sind durch menschliche Eingriffe wie Flussbegradigungen, Trockenlegung von Sümpfen, Abholzung, Überbauung u. a. auf weniger als ein Prozent ihrer ursprünglichen Ausdehnung zusammengeschrumpft!

Relativ große Restbestände befinden sich noch im Leipziger Auwald (mit knapp 6000 Hektar) und im Raum Wien in den Donau- und Marchauen. Sie stellen natürliche Pflanzengesellschaften entlang von Flüssen und Bächen, z. T. auch an Teichen und Seen dar. Auwälder werden stark von hohem Grundwasserspiegel und regelmäßigen Überschwemmungen (was heute durch Begradigungen, Dämme und Deiche meistens verhindert wird) beeinflusst, Bruchwälder stehen auf mehr oder weniger permanent vernässten Böden mit anstehendem Wasser und Sumpfwälder auf solchen, die bisweilen trockenfallen können. Mit der weitestgehenden Vernichtung dieses »Amazoniens« Mitteleuropas ist ein enormer Verlust an Artenvielfalt einhergegangen.

Bäche, die sich durch Au- und Bruchwälder schlängeln, sind ideale, meist abgeschiedene Lebensräume für viele Tier- und Pflanzenarten. Dort, aber auch an Bächen, Weihern und Seen, findet man heute vielerorts wieder eigenartige Haufen aus Ästen und Zweigen: Biberburgen zur Jungenaufzucht und zum Überwintern (S. 95).

Artenreich: Auwald

Wer einmal das Naturschutzgebiet Taubergießen in der Oberrheinebene besucht hat, kann sich in etwa vorstellen, welche Myriaden von Pflanzen und Tieren dereinst die Rheintal-Auwälder vom Bodensee bis Holland bedeckt und bevölkert haben mögen. Auwaldreste wie bei Leipzig oder Wien beherbergen noch heute bis zu 1000 Pflanzen-, über 100 Vogel- und an die 50 Säugetierarten, zudem Amphibien, Reptilien, unvorstellbare Mengen an Wirbellosen und – wenn Altwasserbereiche vorhanden sind – auch viele selten gewordene Fische. Auch bieten sie Standorte für Bäume, die selbst bei fortschreitender Klimaerwärmung zum Teil noch rund ums Jahr ausreichend Feuchtigkeit bewahren, sodass sich in diesen Wäldern wohl noch lange normalgroße oder auch riesige (30 bis 40 Meter hohe) Bäume (Emergenten) halten und vielleicht sogar wieder bilden werden.

»Der enorme Reichtum an Pflanzen- und Tierarten und die Fülle an spezifischen Lebensräumen für speziell angepasste Formen wird noch einmal verstärkt durch die sogenannte Stockwerkbildung.«

Neuen Lebensraum wagen

Der enorme Reichtum an Pflanzen- und Tierarten und die Fülle an spezifischen Lebensräumen für speziell angepasste Formen wird noch einmal verstärkt durch Stockwerkbildung (etwa für Nachtigallen bodennah, Grasmücken im Unterwuchs, Spechte im mittleren Stammbereich und Pirole im Kronendach). Die typische Zonierung in eine Weichholzaue (flussnah, an bis zu 200 Tagen pro Jahr von Hochwasser durchströmt), vorwiegend von Weiden besiedelt, und eine Hartholzaue (flussferner, meist an weniger als 100 Tagen überschwemmt), die Standort vieler Baumarten sein kann (von Weichholzarten wie Pappeln bis zu Hartgehölzen wie Stieleiche, Hainbuche u. a.), bedeutet gleichermaßen eine Bereicherung.

Natürlich werden auch unsere Auwälder künftig von Forstleuten gemanagt werden, aber im Zuge der Zunahme von Extremhochwassern und dem Schrumpfen aller Waldtypen auf trockeneren Standorten dürfte die Neuanlage von Auwäldern bald nicht nur für Forstbehörden an Bedeutung gewinnen. Neupflanzungen von Eichen, Ahorn, Erlen

—

Von den einst riesigen Auwäldern im Rheintal sind wenige übrig geblieben, wie das artenreiche Naturschutzgebiet Taubergießen (rechts). In manchen Auwaldgebieten wie etwa den Marchauen in Ostösterreich oder auch am Bodensee brüten Weißstörche noch wie ursprünglich in Baumhorsten (links).

Auwälder wie an der Peene bei Anklam, gesäumt von einem Fluss sowie Teichen, Tümpeln und Nasswiesen, beherbergen als »Amazonien« Europas höchste Artenvielfalt.

u. v. a. auf Böden, die Auwaldbildung ermöglichen, sind wohl schon heute die einzigen, die für die Zukunft noch hohe, dicke und etwa für Balken und Bretter taugliche Stämme erwarten lassen, während die derzeit noch Bauholz liefernden trockeneren Wälder zu Buschwald schrumpfen werden. Und zumindest bei der Neuanlage von Auwäldern im privaten wie im öffentlichen Bereich werden sich auch für an Biotopgestaltung Interessierte, die nicht aus dem amtlichen Forstbereich kommen, Möglichkeiten bieten, bei der Optimierung von Artenvielfalt mitzuwirken. Dafür werden sicher auch neue und rigorose Konzepte auf den Tisch kommen.

Sollte das Ahrtal ein zweites Mal von extremem, vielleicht noch stärker ausfallendem Hochwasser heimgesucht werden, dann wird sicher erfolgen, was bereits 2021 sinnvoll gewesen wäre: Abriss aller in der Talsohle verbliebenen Gebäude, Anlage von ausgedehnten Hochwasserauffangbereichen, bepflanzt mit jungen Auwaldbäumen (zur Milderung von extremen Flutschäden, zur CO_2-Bindung im Hinblick auf die Klimaverbesserung und in Bezug auf spätere Bauholzgewinnung), und Neuanlage von Wohnraum ausschließlich in höheren Lagen. Dazu hätte es ökologischen Weitblick und Mut gebraucht – beides ist im Bereich der zuständigen Behörden leider Mangelware.

—
Abgestorbene Auwaldbereiche wie im Anklamer Stadtbruch (oben) bieten vielen Tieren speziellen Lebensraum, so etwa Kormoranen Nistplätze für bisweilen ganze Kolonien.

—
Auf Stillgewässern bis zu kleinsten Gartenteichen trifft man nicht selten eigenartige Insekten (Wanzen) an, die sich behände auf der Wasseroberfläche bewegen können: Wasserläufer (rechts).

—
Charakterpflanze vieler Auwälder mit zeitiger Blüte, bevor die Bäume Laub austreiben, ist das Buschwindröschen (unten). Der aus Amerika stammende Waschbär (ganz unten Mitte) breitet sich in unseren Feuchtgebieten derzeit rasch aus. Dort verzehrt er u. a. auch die bei uns heimische Posthornschnecke (unten rechts).

—
Der Seeadler – unser größter Adler und Greifvogel – brütet dank intensiver Schutzmaßnahmen inzwischen wieder mit rund tausend Paaren in Deutschland, vor allem im Nordosten.

»Die Au-, Bruch- und Sumpfwälder Mitteleuropas stellen zusammen mit meist eingestreuten Gewässern die artenreichsten Lebensräume in unserer Region dar und sind durchaus mit den tropischen Regenwäldern vergleichbar.
So weisen Au- wie Regenwälder eine sehr starke Biomasse(-Primär)-Produktion auf und ermöglichen z. T. gigantisches Baumwachstum. Auwälder erstreckten sich nach der letzten Eiszeit auf etwa fünf Prozent der heutigen Landesfläche und sind durch menschliche Eingriffe auf weniger als ein Prozent ihrer ursprünglichen Ausdehnung zusammengeschrumpft!

Ein typischer mäßig feuchter Auwald mit einem Teppich von im Frühjahr blühendem Bärlauch, dessen Blätter dann zum Sommer hin schon wieder absterben.

VERÄNDERLICH

Neue Waldtypen – Herausforderung und Chance

Alle Waldtypen unserer Erde werden derzeit in starkem Maße dezimiert – von den tropischen Regen- und Mangrovenwäldern über die Mischwälder der gemäßigten Zonen bis hin zu den arktischen Nadelwäldern. In jeder Minute verliert unser Planet Wald im Umfang von mehr als 25 Fußballfeldern. Die Hauptursachen dafür sind der Raubbau, also mehr Einschlag als Wiederaufforstung, Waldbrände (mit neuartigen Megafeuern und Feuertornados in einem regelrechten »Pyrozän«) sowie Windwurf und Baumsterben durch Schädlingsplagen. Für die drei letztgenannten Gründe ist die rezente Klimaerwärmung verheerender »Brandbeschleuniger« und wird es in immer größerem Ausmaß werden. Wenn es nicht gelingt, die globale Erderwärmung (Anstieg der mittleren Jahrestemperatur) bei 2 °C zu stoppen, was derzeit absolut unmöglich erscheint, und sollten wir bis Ende des Jahrhunderts einen Anstieg bis auf 4 °C erreichen, dann würden die meisten Wälder kollabieren und bedürften hier

Flächendeckendes Waldsterben, vor allem von Fichten, wie im Bild in Hessen, breitet sich infolge von Hitze, Trockenheit und Borkenkäferbefall immer weiter aus und erfasst auch viele andere Baumarten.

–
Unser Wald der Zukunft wird artenreich sein, mit vor allem vielen Laubbäumen, aber infolge zunehmender Trockenheit ein nur mäßig hoher Buschwald, wie bereits im Linzgau angelegt.

eigentlich keiner Erwähnung mehr. Aber noch besteht Hoffnung für neue, an die Klimaerwärmung angepasste Waldtypen, gerade auch bei uns.

Von den europäischen Wäldern ist derzeit durch die Folgen der Erderwärmung mehr als die Hälfte bedroht – das gilt auch für Deutschland (MaxPlanckForschung 2021). Allein die Extremsommer 2018, 2019 und 2022 haben in unseren Breiten verheerende Schäden angerichtet, durch die allein in Deutschland an die 300 000 Hektar vorwiegend Fichtenmonokulturen vernichtet wurden. Nach dem neuen Waldschadensbericht des Bundesministeriums für Ernährung und Landwirtschaft vom September 2022 sind derzeit in Deutschland 25 Prozent aller Bäume »extrem geschädigt«, d. h. demnächst tot. Die Waldschäden-Berichterstattung ist übrigens sehr interessant – sie zählt die ganz frisch toten, gerade gefällten Bäume gar nicht mit. Blieben also dereinst von unseren Wäldern, sagen wir, noch zehn Bäume stehen – neun abgestorbene und ein letzter gesunder, wäre die Schadensberichtaussage der üblichen Zählweise nach Abholzen der neun toten Bäume und Verbleib des letzten Baumes zufolge: Der deutsche Wald ist zwar geschrumpft, aber nun zu 100 Prozent gesund!

Den Wald neu denken

Für den gravierenden »Trockentod« der Bäume ist die Unterbrechung des Wassertransports ausschlaggebend, oft in Verbindung mit Parasiten wie dem Borkenkäfer bei Nadelbäumen, Pilzen wie beim Eschensterben oder Bakterien wie beim Birnenverfall in Streuobstbeständen. Die zunehmende Überhitzung und Austrocknung unserer Waldstandorte hat auch gezeigt: Waldsterben beschränkt sich nicht mehr nur auf wenige Arten wie früher die Weißtanne durch sauren Regen und in jüngerer Zeit vor allem die Fichte. Längst hat sie auch weitere Nadelbaumarten wie Kiefer und Douglasie erfasst und zudem viele Laubbäume wie Esche, Ahorn und die lange Zeit als robust erachteten Buchen und Eichen. Zudem – nicht verwunderlich – leiden insbesondere »stattliche«, also große und alte Bäume unter der Dürre und sterben, da sie bei Wassermangel periphere Zweige nicht mehr versorgen können, von oben her ab (Hartmann 2021). Dabei sind selbst unsere derzeit noch »urigsten« Wälder nur noch ein schwacher Abglanz dessen, was ursprüngliche Wälder in Mitteleuropa einst bis ins Mittelalter darstellten. Wer sich davon ein Bild machen möchte, der möge dazu in meinem Auerhuhnbuch (Berthold 2021) nachlesen.

Nach Meinung vieler Ökologen und Forstleute zeichnet sich für unsere Wälder in den nächsten Jahrzehnten folgende Entwicklung ab: weitgehendes, in vielen Regionen vollständiges Absterben und Verschwinden der meisten Nadelbäume, allen voran der flachwurzelnden Fichte, und ebenso flächendeckendes Verschwinden hochgewachsener alter Laubbäume. Der übrig bleibende, sich auf Kahlflächen und in Waldlücken neu formierende oder noch mit Hoffnung auf Erfolg angepflanzte Forst dürfte eine Art Buschwald werden: in der Endausprägung maximal nur noch etwa halb so hoch wie unsere bisherigen Wälder, da bereits nach wenigen Jahrzehnten Wachstum bei einsetzender Wipfeldürre endet, und zusammengesetzt aus einer mehr oder weniger artenreichen Mischung von Laubbäumen. Vorausschauende Forstleute haben in verschiedenen Regionen zum Teil schon vor Jahrzehnten zukunftsträchtige Pionierwälder angepflanzt, sodass wir uns von ihnen heute bereits ein Bild machen können. Allerdings nehmen artenreiche zukunftsträchtige Wälder mit Aussicht auf dauerhaften Bestand derzeit in Deutschland nur etwa zwei Prozent der Waldfläche ein (»Wald in Deutschland«, NDR, April 2022).

Das Dahinsterben unserer bisherigen Wälder bedeutet einen riesigen Verlust an Artenvielfalt. Allein bei den Vögeln dürfte das weitgehende Verschwinden von Nadelbäumen und von an Baumhöhlen reichen Hochstämmen etwa 25 bis 30 (weiteren) Arten ihre Lebensgrundlage entziehen – vom Schwarzstorch über Greifvögel und Eulen sowie Spechte und Meisenarten bis zum Wintergoldhähnchen (Berthold 2022, Betts et al. 2022). Von verschiedenen Säugetierarten bis zu zahlreichen Wirbellosen sowie von Baumarten über Blütenpflanzen bis zu Moosen, Flechten und Pilzen wird die Verlustliste Tausende von Arten umfassen. Andererseits schafft der neuartige Buschwald Lebensraum für neu entstehende Tier- und Pflanzengesellschaften – in welchem Maße wird sehr von seiner Zusammensetzung und Ausstattung abhängen.

Auch der künftige, hoffentlich der Klimaerwärmung trotzende Buschwald wird in erster Linie von Forstleuten geformt werden und das wie in den letzten Jahrhunderten hauptsächlich ausgerichtet auf die Holz-

In Auwäldern werden sich weiterhin viele Vogelarten halten können wie im Kronendach der Pirol (links) und bei vorhandenen Höhlen auch der Trauerschnäpper (rechts) und andere.

gewinnung. In einer ganzen Reihe von Einrichtungen wie der Forstlichen Hochschule Tharandt (bei Dresden, der ältesten der Welt), dem Weinheimer Exotenwald und der Forstlichen Versuchs- und Forschungsanstalt in Freiburg wird zum Teil seit Jahrzehnten untersucht, welche einheimischen Baumarten unseren zukünftigen Wald bilden und welche fremden (»exotischen«) Arten ihn bereichern und widerstandsfähiger machen könnten. Die Listen der für beide Gruppen infrage kommenden Arten sind lang – bei einheimischen Formen sind es über 60, bei ausländischen werden über 200 in Betracht gezogen. Die Palette der hiesigen Arten umfasst vor allem die Europäische Lärche, Weidengewächse, Walnuss, Birke (mehrere Arten), Haselnuss, Buchen, Ulmen, Ahorne, Linden sowie Rosengewächse (etwa Holzapfel und -birne, Mehl-, Vogel- und Elsbeere, Speierling, Mirabellen, Vogelkirsche u.a.) und die der Exoten vor allem auch Zypressen, Platanen, Bittereschengewächse, Schmetterlings- und Rachenblütler, Rautengewächse und eine Reihe weiterer Familien. Von großem Interesse sind etliche Baumarten, die im Mittelmeerraum und auf dem Balkan vorkommen, Hitze und Trockenheit gut vertragen und von nun an auch bei uns gut gedeihen und wertvolles Nutzholz produzieren sollten wie z.B. Baumhasel, Schwarzkiefer, Esskastanie und Frühlingsahorn.

Bleibt zu hoffen, dass künftig zumindest ein Teil der Privatwälder nicht nur als eine Art von Holzfabrik betrieben wird, sondern auch Funktionen als »grüne Lunge«, Kohlenstoff- und Wasserspeicher sowie als spezielles Biotop für Pflanzen und Tiere und Erholungsraum für Menschen übernimmt. Wo immer das möglich ist, sollte dabei im Hinblick auf optimale Arche-Noah-Verhältnisse Folgendes angestrebt werden:

1) Einheimische Baumarten. Möglichst nur oder überwiegend einheimische Baumarten ansiedeln – sie besitzen Begleitfaunen von Insekten, die heimische Vogelarten ernähren können, während in Pflanzungen von »Exoten« Singvögel zwar brüten, aber ihre Nahrung im Wesentlichen außerhalb suchen müssen (wie von einem meiner Doktoranden in einer speziellen Studie im »Weinheimer Exotenwald« nachgewiesen werden konnte, Kolb 1994).

2) Monokulturen gänzlich vermeiden. Möglichst viele Baumarten in bunter Mischung als Einzelsteher ansiedeln – je mehr Nachbarbäume einer anderen Art

.uch der Grauspecht wird
veiterhin in Auwäldern
Bruthöhlen zimmern
önnen, während ihm
as im Buschwald und in
unehmend absterbenden
Streuobstbeständen im-
mer schwerer fallen wird.

angehören, desto weniger werden Baumschädlinge die Chance haben, »Opfer« ausfindig zu machen.

3) Efeu. Da mit dem Verschwinden der Nadelbäume wintergrüne Bestände verloren gehen, sollte man an vielen Bäumen Efeu hochkommen lassen oder sogar ansiedeln – er bietet Verstecke, Nistplätze und Nahrung. Wintergrün lässt sich im künftigen Buschwald auch mit Bambus einbringen.

4) Nistkästen. Da im Buschwald mit niedrig und dünn bleibenden Stämmen kaum natürliche Höhlen entstehen werden (durch Spechte, Astbruch, Blitzschlag, Fäulnis usw.), sollte er reich mit Nistkästen bestückt werden (für Eulen, Hohltauben und Dohlen, Stare und kleine Singvogelarten sowie Fledermäuse und Insekten). »Reich« bedeutet bis zu 50 Nisthilfen pro Hektar, die – wie ein von mir seit Jahrzehnten bewirtschafteter Mischwald zeigt – durchaus fast alle belegt werden können.

5) Ganzjahresfutterstellen. Künftiger Buschwald wird bei seinem recht niedrig endenden Aufwuchs und früh einsetzendem Einschlag auch nur mäßig Früchte und Samen ausbilden, sodass das Nahrungsangebot für Wildtiere gering bleiben wird. Derartigem Mangel können Ganzjahresfutterstellen für Vögel und Kleinsäuger abhelfen und zur Ansiedlung beträchtlicher Populationen führen, wie in meinem o.g. Wald praktiziert (Berthold & Mohr 2021).

6) Absterbender Buchenwald. Entsteht Buschwald aus absterbendem Buchenwald, lassen sich mitunter besonders strukturreiche Waldränder erhalten, wie in den Forsten von Salem vom Haus Baden bereits erprobt. Randbuchen sind im Gegensatz zu Artgenossen im Waldesinneren oft bis zum Boden hin beastet. Sterben sie bedingt durch Trockenheit von oben her ab, bilden sie oft bis in halber Stammhöhe vermehrt Austriebe, mit denen sie dann als halbhohe »Storchennest-Buchen« lange vital bleiben.

Der Mittelspecht als typischer Bewohner von Eichenbeständen hat durch das Umsichgreifen des Eichensterbens eine ungewisse Zukunft vor sich.

ornissen beziehen häufig
aumhöhlen. Wenn die im
uschwald rar werden,
önnen sie jedoch auf künst-
che Nisthöhlen, Nischen in
ebäuden, Dachböden u. Ä.
usweichen.

Zum Schluss noch ein Tipp. Obwohl sich unser Wald in seiner Form der letzten paar Jahrhunderte keinesfalls wird erhalten lassen, werden Forstleute und auch private Waldbauern noch lange am altgewohnten Waldbild festhalten. Kaum zu glauben, aber Realität: An nicht wenigen Standorten, wo Fichten gerade flächendeckend abgestorben sind, wird neu aufgeforstet – mit Fichten, auch in Monokultur! Oder mit Douglasien, z. T. jedes Pflänzchen versehen mit einem Tropf; klar, dass es bereits die nächste Trockenperiode nicht überleben wird. Bei so viel Starrsinn wird es noch lange dauern, bis die aussichtsreichsten Baumarten für den Buschwald der Zukunft sorgsam ausgelotet sind. Dafür gibt es jedoch in Europa eine Art von riesigem Experimentierfeld – Großbritannien. Im wintermilden Inselreich werden schon seit Jahrhunderten vor allem in Parkanlagen exotische Baumarten aus aller Welt »ausprobiert«. Sie haben vielfach ein hohes Alter erreicht und lassen erkennen, wie gut sie bei uns zurechtkommen und wie nützlich sie sein können. Mitchell & Wilkinson (1982) geben darüber wertvolle Informationen.

»In einer ganzen Reihe von Einrichtungen – wie hier im Weinheimer Exotenwald – wird zum Teil seit Jahrzehnten untersucht, welche einheimischen Baumarten unseren zukünftigen Wald bilden und welche fremden (›exotischen‹) Arten ihn bereichern und widerstandsfähiger machen könnten. Bleibt zu hoffen, dass künftig mindestens ein Teil der Privatwälder nicht nur als eine Art von Holzfabrik betrieben wird, sondern auch Funktionen als ›grüne Lunge‹ und Biotop und Erholungsraum für Menschen übernimmt.«

UNERSETZLICH

Streuobstanlagen – ein Eldorado der Biodiversität

Streuobstanlagen formen eine unserer für die Biodiversität wichtigsten Kulturlandschaften, die allerdings nahezu überall »am Zerbröseln« sind. Daher wären Neuanlagen dringend erforderlich. Dem stellen sich vor allem durch die Klimaerwärmung vielerlei Hürden entgegen, die nur mit viel Weitsicht und von Fachleuten – hoffentlich – überwunden werden können. Im Hinblick auf dieses Dilemma fällt das folgende Kapitel relativ umfangreich aus.

Streuobstanlagen stellen eine Form des Obstanbaus in Streulage mit Mehrfachnutzung dar, und zwar größtenteils (circa 90 Prozent) als Streuobstwiesen. Dabei stehen fast durchweg Hochstämme verstreut – meist in zehn, seltener zwölf Metern Abstand voneinander und häufig auf Wiesen, deren Gras durch Mahd oder als Viehweide genutzt wird.

Die restlichen etwa zehn Prozent stehen oder standen auf Äckern, die wegen des großen Abstandes der Hochstammbäume gut mit Maschinen befahren werden konnten, sowie entlang von Straßen. Bis in die 1950er-Jahre waren vor allem in weiten Teilen Süddeutschlands (besonders in Baden-Württemberg) nahezu alle Straßen bis auf die wenigen Autobahnen sowie viele Eisenbahnstrecken und Feldwege als Alleen durchgehend von Obstbäumen gesäumt. Dabei bildeten die vor allem in klimatisch begünstigten Gebieten wie am Bodensee häufig gigantischen Mostbirnbäume (bis über 20 Meter hoch) vielfach regelrechte Galeriewälder, unter deren nahezu geschlossenem Kronendach man noch um 1930 von Bodman bis Radolfzell fahren konnte. Derartige Obstbaumalleen führten bis auf die Schwäbische Alb in fast 1000 Meter Höhe hinauf, wobei auch die in der Bergregion kümmerlichen »Krüppelbäumchen« etwa zwischen Thanheim und Onstmettingen nummeriert waren und zur Ernte an Interessenten verpachtet wurden. Um die Krüppelformen ausmerzen zu können, wurde vielerorts in sogenannten »Höhensorten«-Anlagen experimentiert (wie in Albstadt oder am Wartenberg bei Geisingen, Lucke 1996).

Um die meisten Dörfer, aber auch viele Städte herum bildeten die Anlagen regelrechte Streuobst-Gürtel, die nicht selten das Mehrfache der besiedelten Fläche ausmachten. Selbst um die ehemaligen Waldhufendörfer im Schwarzwald wurden zwischen Siedlung und Wald häufig derartige Gürtel angelegt, vor allem mit verstreut stehenden Kirschbäumen. Damit bildeten die Streuobstbestände in Deutschland eine über Jahrhunderte hinweg vom Men-

—
Bis in die 1950er-Jahre waren viele Landstraßen (wie im Bild bei Bodman am Bodensee) durchgehend von riesigen Mostbirnbäumen gesäumt, Lebensraum für Heerscharen von Tieren.

—
Selbst Eisenbahnen fuhren bis in die 1950er-Jahre zumindest im ländlichen Raum nicht selten durch Obstbaumalleen wie im Bild entlang an blühenden Kirschbäumen.

1 H 2568 E

Eisenbahn-Landwirt

Fachblatt des Hauptverbandes der Bundesbahn-Landwirtschaft e. V.

Mai 1961 | Nr. 5 | 44. Jahrgang

MAI

(Foto: Küttner)

Der Unterbezirk, an dessen Strecken so schöne, gleichmäßig blühende Birnbäume stehen, muß einen rührigen Baumwart haben. Welch herrlicher Schmuck für die nüchterne Bahnstrecke sind doch die wie Blütensträuße dastehenden Obstbäume in diesen Tagen.

»Der Unterbezirk, an dessen Strecken so schöne, gleichmäßig blühende Birnbäume stehen, muß einen rührigen Baumwart haben. Welch herrlicher Schmuck für die nüchterne Bahnstrecke sind doch die wie Blütensträuße dastehenden Obstbäume in diesen Tagen.«

schen geschaffene, landesweit landschaftsprägende Kulturlandschaft.

Alarmierende Zustände

Die Baumbestände der Anlagen setzen sich zusammen aus Äpfeln, Birnen (vielfach Mostbirnen), Kirschen, Pflaumen sowie Walnussbäumen, und zwar ganz überwiegend aus hochstämmigen, starkwüchsigen und großkronigen Obstbäumen aus weit über 500 verschiedenen Apfel- und ebenso vielen unterschiedlichen Birnensorten und nur zu geringem Anteil aus Halbstämmen, da sie die Befahrung und Beweidung erschwerten. Leider sind die Streuobstbestände vor allem in Deutschland – weit weniger in Österreich und der Schweiz – seit den 1950er-Jahren katastrophal zurückgegangen, und auch die verbliebenen Restbestände großteils vom Absterben bedroht. Sie werden daher in der »Roten Liste« der Lebensräume als gefährdet eingestuft, was geschmeichelt ist – in Wirklichkeit sind sie weitgehend marginalisiert. Dazu die folgenden Zahlen und Fakten. Um 1950 standen in Deutschland auf etwa 1,5 Millionen Hektar Wiesen und Äckern (also auf rund vier Prozent der Landesfläche) etwa 150 Millionen gesunde, durchweg gut gepflegte Streuobstbäume aller Altersklassen (von einem Jahr – als Frisch- oder Neupflanzung – bis zu über 100 Jahre alten und dann abgängigen Veteranen).

Ein in unseren Streuobstwiesen noch recht häufig anzutreffender Charaktervogel ist der Grünspecht, der in selbstgezimmerten Höhlen nistet und Wiesen bewohnende Ameisen verzehrt.

Heute besitzen wir auf verbliebenen rund 250 000 Hektar noch etwa 25 Millionen Bäume – davon weit mehr als die Hälfte überaltert, vielfach vergreist und ruinös, ungepflegt, voller Totholz in übermäßig verdichteten Kronen, zudem viele geschwächt und krank (durch Mistelbefall, Birnenverfall, Feuerbrand u. a.).

Und auch die Flächen selbst sind oft lückig, brachgefallen, verbuscht, an Arten völlig verarmt sowie von Austrocknung bedroht. Der Rückgang von 1950 bis heute betrug somit rund 85 Prozent an Streuobstflächen und -bäumen. Von den verbliebenen 15 Prozent werden wir rasch mehr als die Hälfte in den nächsten Jahren verlieren. Auch Winfried Kretschmanns »Muschterländle« (»The Länd«) sieht da nicht gut aus. Es besitzt zwar derzeit noch den größten zusammenhängenden Streuobstbestand Europas, aber sein Zustand ist bis auf wenige noch prächtige Anlagen wie im Bereich des »Schwäbischen Streuobstparadieses« im Großraum Reutlingen jämmerlich. Die Restbestände sind abgängig wie anderswo, da stützende Maßnahmen völlig unzureichend ausfallen. Wer aufmerksam durchs Ländle fährt, sieht, dass etwa jeder zweite Streuobstbaum schon sichtbare Absterbemerkmale aufweist.

Nun könnte man sagen: Streuobstanbau war gut in der Vergangenheit, hatte aber Nachteile wie schwieriges Arbeiten und Ernten in hohen Kronen. Er verursachte viele Unglücke, etwa bei Stürzen von hohen Leitern, und erforderte bei der Pflanzung von Hochstämmen mindestens zehn Jahre Wartezeit auf eine

Für den Erhalt von Streuobstbeständen ist das ständige Nachpflanzen von Jungbäumen (links) unerlässlich, die vor Wild- und Weidetieren geschützt werden müssen. In gut erhaltenen Beständen werden typische Bewohner wie die Blaumeise (rechts) auch in Zukunft erfolgreich brüten können.

erste bescheidene Obsternte. Zudem trug der Anbau zur Beschattung von Wiesen und Äckern bei, die dort die Erträge minderte, und machte das Befahren von Fluren um Stämme herum schwierig. All dem versuchte man zeitweise sogar mit staatlichen Rodungsprämien für das Fällen von Hochstämmen zu begegnen. Streuobstanbau wird heutzutage bestens ersetzt durch Halb- und Niederstämme, Spindelbüsche usw., die viele der oben genannten Schwierigkeiten nicht aufweisen. Aber: Mit den Streuobstanlagen verlieren wir einen der artenreichsten Lebensraumtypen unseres Landes, ein Eldorado für Biodiversität, während dicht bepflanzte Obstanlagen-Monokulturen meist extrem artenarm sind, nicht zuletzt auch wegen ihrer intensiven Bespritzung mit Schädlingsbekämpfungsmitteln (Bouvier et al. 2022). Zahlreiche Studien zeigen: In Streuobstanlagen vor allem auf mageren Flachlandmähwiesen kommen bis zu 3600 Pflanzen-, Tier-, Pilz- und Flechtenarten vor (Schuboth & Krummhaar 2019), darunter viele Formen, die dort ihre Hauptverbreitung haben. Solche Charakterarten von Streuobstwiesen sind – oder waren – unter den Vögeln Wendehals, Grün-, Grau-, aber auch Bunt- und Kleinspecht, Pirol, Neuntöter, Rotkopf- und Raubwürger, Rebhuhn, Steinkauz, Halsband- und Trauerschnäpper, Gartenrotschwanz, Gartenbaumläufer, Ortolan, bis zu vier Meisenarten, auch Wiedehopf und Baumpieper. Aufgrund des Reichtums an Baumhöhlen beherbergten sie die einst großen Bestände von Meisen, Feldsperlingen und Staren. Bei den Säugetieren waren es vor allem verschiedene Fledermaus- und Spitzmausarten, Igel, Mauswiesel, Steinmarder, auch Hermelin, Garten- und Siebenschläfer, Mäuse und Feldhasen, dazu kamen zahlreiche Amphibien, Reptilien, Tausende von Wirbellosen und in den Flachland-Mähwiesen bis an die 1000 Pflanzenarten.

Obstbaumpfleger gesucht

Damit wird klar: Streuobstanlagen sind für den Erhalt unserer (restlichen) Artenvielfalt unersetzlich, ja eigentlich unverzichtbar. Zweierlei wäre dringend nötig: erstens, alle noch einigermaßen gesunden Restbestände umgehend bestens zu pflegen, um sie noch möglichst lange erhalten zu können, und zweitens möglichst viele verloren gegangene Flächen durch Neupflanzungen zu ersetzen. Beides ist leider sehr schwierig geworden und erfordert neben erheblichen Mitteln – die noch relativ leicht zu beschaffen sind – auf Erfahrung aufbauendes zukunftsorientiertes Fachwissen, das rasant schnell abnimmt.

»Mit den Streuobstanlagen verlieren wir einen der artenreichsten Lebensraumtypen unseres Landes, ein Eldorado für Biodiversität, während dicht bepflanzte Obstanlagen-Monokulturen meist extrem artenarm sind, nicht zuletzt auch wegen ihrer intensiven Bespritzung mit Schädlingsbekämpfungsmitteln. Zahlreiche Studien zeigen: In Streuobstanlagen vor allem auf mageren Flachlandmähwiesen kommen bis zu 3600 Pflanzen-, Tier-, Pilz- und Flechtenarten vor.«

Die früher in allen Ortschaften tätigen »Obstbaumwarte« würden heute wieder dringend gebraucht, aber unsere fortschrittsgläubige, auf vielerlei Scheinwerte fixierte Untergangsgesellschaft meint, sie sich nicht mehr leisten zu können oder müssen – billiges Mostobst kommt ja, noch, aus östlichen und südlichen Nachbarländern.

Erfolgsfaktor Verjüngungsschnitt

Viele unserer alten, in die Jahre gekommenen Obstbaumveteranen könnten, wenn auch inzwischen verwahrlost mit viel zu dichten Kronen und zu weit ausladenden Ästen, noch für ein paar Jahrzehnte revitalisiert werden – durch sogenannte Verjüngungsschnitte. Die sollten behutsam über mehrere Jahre verteilt vorgenommen werden, um Radikalschnitt-Schäden zu vermeiden. Das erfordert viel Erfahrung und verursacht bei einem großkronigen Apfel- oder einem hohen Birnbaum Kosten von einigen Hundert Euro, allein schon wegen der Arbeit mit Spezialleitern oder Seilklettertechnik. Dazu kommt das aufwendige Entsorgen des Schnittmaterials. Soll auf diese Weise auch nur eine kleinere Streuobstanlage mit 20, 30 alten Bäumen verjüngt werden, belaufen sich die Kosten schnell auf Tausende von Euro. Bei Zuschüssen vonseiten zuständiger Behörden in einer Größenordnung von derzeit einigen wenigen Euro pro Baum und Jahr (auf unsere Gesamtbestände bezogen) wird Pflege rasch verworfen – da ist Rodung mit zusätzlich erfreulichem Brennholzgewinn oft viel attraktiver.

Und selbst wenn die Pflege alter Hochstämme vorgenommen werden soll, können nur Fachleute einigermaßen sicher voraussagen, ob die Vitalität für Verjüngungsschnitte noch ausreicht oder ob bereits Anzeichen für unabdingbares Absterben vorliegen wie etwa weit fortgeschrittener Feuerbrand (ein durch Bakterien hervorgerufenes, sehr ansteckendes Absterben von Zweigen bis zu ganzen Kronen) oder Birnenverfall (eine durch Phytoplasmen verursachte Erkrankung vor allem der Wasserleitungsbahnen, die zum Absterben befallener Bäume führt). Einfacher sieht es da mit der Neuanpflanzung von Streuobstbäumen und der Neuanlage von Streuobstwiesen aus – aber leider nur noch in der Theorie! Für die Praxis tun sich heutzutage gewaltige Gräben auf. Allzu oft spielt

—
Sechs Beispiele aus dem Billafinger Birnensorten-Erhaltungsgarten: links »Schweizerhose«, Sipplinger Klosterbirne, Apfelbirne; rechts: Aurate, Prinzessin Marianne und die Seilenhefterin.

sich in etwa folgende Szene ab: Obstbaumfreunde besorgen sich bei einer Verteilungsaktion ein paar kostenlos zur Verfügung gestellte Hochstämme und pflanzen sie bestenfalls sogar sachgemäß (an geeignetem Standort, vom Spätherbst bis zum Frühjahr, in der optimalen Pflanztiefe, mit Drahtkorb gegen Wühlmausverbiss und guter Bewässerung zum Einschlämmen, mit Anbringung von möglichst zwei Pfählen, die die Bäume so fixieren, dass ihre Stämmchen bei Sturm nicht schwanken, wodurch für die Versorgung mit Wasser und Nährstoffen wichtige Haarwurzeln abreißen können; samt einer Manschette gegen Wild- und Weidetierverbiss sowie einer Baumscheibe um den Jungbaum herum). Dann freuen sie sich, wie sich die Bäume in den nächsten paar Jahren »üppig« entwickeln. Da Früchte erst in rund zehn Jahren zu erwarten sind, fristen die Bäumchen oft ein einsames Dasein und sind damit bereits vom ersten Jahr an »verloren«. Werden sie nämlich nicht von der Pflanzung an jährlich kräftig und richtig geschnitten, bilden sie niemals ordentliche Kronen aus, die jahrzehntelanges Überleben und reiches Fruchten garantieren. Anfänglich zugelassener Wildwuchs kann meist schon nach ganz wenigen Jahren selbst von Fachleuten nicht mehr befriedigend durch Nachschneiden korrigiert werden. Oft auch brechen viel zu dünn gewählte Stützpfähle ab, denen bald das Stämmchen folgt.

Bis in die 1950er-Jahre war es für erfahrene ortsansässige Obstbauern kein Problem, im Gemeindebereich geeignete Standorte für alle möglichen Streuobstbaumarten ausfindig zu machen – also für Äpfel in feuchteren, für Birnen, Kirschen, Pflaumen und Nüsse in trockeneren Lagen. Heutzutage wird die Standortbestimmung vielerorts zur Gretchenfrage: Wird im Zuge der Klimaerwärmung der gewählte Standort einem Baum in zehn, zwanzig Jahren noch ausreichend Feuchtigkeit bieten? Oder wird sich in der Nähe einer neu angelegten Pflanzung ausreichend Wasser speichern lassen, um Bäume gegebenenfalls wässern zu können? Weitere Probleme ergeben sich im Hinblick auf Krankheiten und Parasiten, vor allem auch auf neuere, deren Bekämpfung größte Schwierigkeiten bereitet, wie etwa Feuerbrand, Birnenverfall, Schwarzer Rindenbrand oder Kirsches-

sigfliege. Da gilt es, von vornherein Sorten auszuwählen, die möglichst gegen vieles resistent sind – auch gegen temporäre Trockenheit. Hier können je nach Position der angedachten Anlage in Bezug auf das Mikroklima, die Boden- und Wasserverhältnisse nur Fachleute richtig beraten. Werden Faktoren wie neuartige Krankheiten nicht berücksichtigt, kann man sein blaues Wunder erleben. Nicht gegen Birnenverfall resistente Sorten können heute nach trockenem Frühjahr mit Schädigung ihrer Wasserleitungsbahnen bereits im »Kindes«-Alter« ab etwa zehn Jahren – wenn erst wenige Meter hoch – schon im Spätsommer eine blau-violette Laubfärbung aufweisen: Birnenverfall in der jugendlichen Aufwuchsphase, mit nachfolgendem Absterben bei Ertragsbeginn.

Sortenwahl: Klimaerwärmung mitdenken

Auch im Hinblick auf »einfache« Faktoren wie Fruchtreife, Ertrag, Haltbar- und Lagerfähigkeit usw. sind viele neue Umstände zu beachten. So ist der einstige Klar- oder Augustapfel in seiner durch die Klimaerwärmung bedingten Frühreife längst zum Mitte-Juli-Apfel geworden und wird wohl weiter zum Juni-Apfel avancieren. Damit entgeht er aus jetziger Sicht gefährlicher Sommerhitze und empfiehlt sich wohl auch künftig als ausgezeichneter Frühapfel. Die meist als Nächstes reifende Sorte – Jakob Fischer oder Schöner vom Oberland – dürfte eher zum Verlierer werden. Mit einer nur um Wochen späteren Reife sind die Früchte, wie in den letzten Hitzesommern auf der Streuobstwiese meiner Familie am Bodensee (mit rund 80 Hochstämmen, Berthold 2016) zu beobachten, oft so hohen Temperaturen ausgesetzt, dass sie sehr klein bleiben, bereits am Baum teilweise austrocknen und bräunliches Fruchtfleisch aufweisen, das an Schmoräpfel erinnert. Das gilt bei großer Hitze auch durchweg für Boskop-Äpfel. Besser geeignet sind da künftig Arten wie Brettacher, deren Früchte durch ihre ausgeprägte Wachsschicht lange lagerfähig sind, wenn auch in normalen kühlen Räumen ebenso wie Bohnäpfel oder Ontario längst nicht mehr bis Juli/August, sondern meist nur noch bis Mai.

Bei den vielerlei Problemen, die der Streuobstanbau heute mit sich bringt, sind Einzelkämpfer meist überfordert. Streuobstanlagen sollten daher künftig am besten von Kooperativen betrieben wer-

Der »Untere Frickhof« bei Owingen-Billafingen mit dem Erhaltungsgarten für über 500 heimische Birnensorten aus dem Streuobstbereich. Im rechten Bild unterhalb der Anlage der »Heinz-Sielmann-Weiher«.

den, wie etwa in Hödingen am westlichen Bodensee im »Verein zur Erhaltung der Kulturlandschaft Hödingen e.V.«. Dort arbeiten Obstbauern, Obstbaufachleute, Weidetierhalter und die Heinz Sielmann Stiftung eng zusammen bei der Pflege großer Bestände, dem zukunftsorientierten Nachpflanzen und der Beweidung der Flachlandmähwiesen – mustergültig und zur Nachahmung empfohlen. Ähnliche Kooperativen arbeiten im Bereich der Manufaktur Jörg Geiger in Schlat, in den o.g. Streuobstparadiesen und vielen anderen Gebieten.

Die wesentliche und immer schwieriger zu garantierende Grundvoraussetzung für alle Lebensbereiche und damit auch für den Streuobstanbau wird künftig sein: ausreichend Wasser! Schon heute sind die im Obstbau durch Trockenheit gepaart mit Hitze auftretenden Schäden gravierend und für viele Bäume oftmals tödlich. Selbst auf Standorten, die seit Jahrhunderten problemlos Obstbau aller Art ermöglichten, muss heute zeitweilig bewässert werden, um Ausfälle zu reduzieren, so auch auf der von meiner Familie betriebenen Streuobstwiese mit Schafweide. Bei uns ist das derzeit aus eigener Quelle (noch) recht gut möglich, aber bei fortschreitender Klimaerwärmung wird auch dort Vorratswasserspeicherung nötig werden. Viele unserer Felder, Wiesen, Weinberge, Obstanlagen und andere Sonderkulturen werden künftig ohne regelmäßige Bewässerung in Trockenperioden keine Erträge mehr liefern. Deshalb sollte man heute vor allem bei Neuanlagen große Wasserspeicher etwa in Form von Weihern von vornherein mit einplanen. Im westlichen Bodenseeraum sind derartige Speicherbecken für riesige Obstanlagen bereits in Planung. Sie können im niederschlagsreichen Winterhalbjahr sowie im Sommerhalbjahr bei Starkregen gefüllt und dann für zweierlei Zwecke genutzt werden: zur Zeit der Baumblüte zum Besprengen, um Frostschäden zu vermeiden, und in Trockenperioden zum Erhalt vitaler Bäume sowie im Hinblick auf die Entwicklung normaler, nicht durch Trockenheit geschädigter Früchte. Derartige Wasserspeicher können so gestaltet werden, dass sie neben der Vorratshaltung von Wasser auch vielen Pflanzen und Tieren neuen idealen Lebensraum bieten.

Dass derartig mit immer mehr Aufwand hochgepäppelte Äpfel nicht mehr für 'nen Appel und 'n Ei zu haben sein werden, ist klar – auch im Hinblick auf Obst werden wir unser Leben künftig wieder gesundschrumpfen müssen. Das aber kann viel Freude bereiten, wie mir meine Arbeit auf unserer Streuobstwiese tagtäglich zeigt. Der von uns misshandelten und geplagten Natur dennoch köstliches, vollkommen natürlich herangereiftes Obst in vielerlei Sorten mit einer Fülle von Aromen abringen zu können, das schafft tiefe Zufriedenheit rund ums Jahr – mit Aprikosen ab Juni bis zu den letzten Lageräpfeln im Mai/Juni.

Mutige und Fleißige sollten alle Schwierigkeiten nicht davon abhalten, sich an den Streuobstanbau für morgen zu wagen! Mutter Natur lässt uns ihr Obst heute nicht mehr so leicht in den Schoß fallen wie noch vor 50 Jahren. Aber auch wenn unsere Vertreibung aus dem einstigen Paradies nun endgültig im Gange ist: Noch können wir uns paradiesische Fleckchen Erde einrichten – unter selbst gepflanzten Streuobstbäumen.

—
Birnbäume, die sich schon im Sommer rotviolett verfärben, zeigen nicht etwa verfrühte Herbstfärbung an, sondern leiden unter sogenanntem Birnenverfall, der in wenigen Jahren zum Absterben führt.

—
Eine traumhaft schöne Mosaiklandschaft aus Wiesen, Feldern und eingestreuten Streuobstbeständen, wie sie bis in die 1950er-Jahre große Artenvielfalt von Wildtieren und -pflanzen beherbergte.

VIELSEITIG

Viehweiden – hochwertige Lebensräume

Viehweiden sind zumeist landwirtschaftlich genutzte Flächen, deren krautige Pflanzen, insbesondere Süßgräser, von Nutztieren gefressen werden. Weideland als »Futterplatz für Vieh« ist heutzutage ganz überwiegend Grünland. Früher war auch Waldweide im Hutewald weit verbreitet, ebenso vor allem in der Zeit der Dreifelderwirtschaft (im ersten Jahr Anbau, im zweiten Fruchtfolge mit Fruchtwechsel und im dritten Jahr Brache) auch Beweidung von Brachen sowie aufwachsenden Saaten. Sie bekamen zudem beim nächtlichen Einpferchen von Weidetieren die sehr begehrte Düngung. In anderen Ländern grasen Tiere auch auf Steppen, Savannen, Halbwüsten und Tundren, sodass Weiden weltweit knapp ein Drittel der Landoberfläche ausmachen. Beweidung versteppender Gebiete im Zuge der Klimaerwärmung dürfte auch hierzulande künftig an Bedeutung gewinnen.

Als Weidetiere dienen hierzulande vor allem Huftiere wie Rind, Schaf, Ziege, Pferd, gebietsweise Schwein, zunehmend auch Kamel, Lama, Alpaka, Yak, Bison, Wisent, Wasserbüffel und vielerorts Huhn, Gans, Strauß, Nandu, Kaninchen und Meerschweinchen, wobei Letztere meist in Hausgärten

Verwilderte Ecken wie im Randbereich unserer Streuobstwiesen und Schafweiden beherbergen eine Vielzahl inzwischen selten gewordener Pflanzen, Insekten, Spinnen, Eidechsen u. a.

bergigen Gebieten, wo asserbüffel nicht ein- esetzt werden können, lden heutzutage Yaks n Bild) oder Lamas und eren Verwandte als Wei- etiere gute Alternativen Kühen und Schafen.

grasen und heute vielfach nur noch zum Vergnügen gehalten werden.

Die meisten Weidetiere leben in Koppeln (umzäunten Weiden), vielfach auf Kurzrasen-, d. h. Stand oder Dauerweide, häufig auch auf Umtriebsweiden (nacheinander in einer Reihe von Koppeln) oder auf Portionsweiden (mit mindestens täglichem Weidewechsel). Alle Formen haben sowohl für die Tierhaltung, die Qualität der Weide, den Arbeitsaufwand für den Tierhalter, aber auch für die Artenvielfalt der Weide Vor- und Nachteile, die es fallweise sorgsam abzuwägen gilt.

Für Biotopgestalter interessant sind vor allem naturnah eingerichtete Weiden und ganz besonders »wilde Weidelandschaften«. Mit Letzteren wird versucht, nach der »Megaherbivorenhypothese«, die besagt, dass große Pflanzenfresser wie Auerochsen, Wisente, Hirsche und Wildpferde in der prähistorischen Waldlandschaft große Teile durch Verbiss offen halten konnten, heute Entsprechendes zu erreichen. So werden in einer ganzen Reihe von mit Munition belasteten Gebieten oder in nur noch extensiv bewirtschafteten Bergregionen robuste Haustierrassen wie Galloway, Schottisches Hochland-, Heck-,

»Hinsichtlich der Artenvielfalt sowohl der den Weidetieren als Futter dienenden Pflanzen als auch ihrer Begleitfauna ist jede Form der Weide (mit Ausnahme starker Überbeweidung und nachfolgender Erosion wie etwa in der Sahelzone) den Mähwiesen hoch überlegen. Durch selektiven Verbiss der Weidetiere besitzen Weiden immer einen höheren Strukturreichtum als Mähwiesen.«

Hinderwälder-Rind, Islandpony, Fjordpferd, Konik, Wasserbüffel, aber auch – wie etwa in der Döberitzer Heide bei Berlin – Wisent, Przewalski-Pferd und Rothirsch eingesetzt, um Verbuschung und Bewaldung in Schach zu halten.

Stark zurückgegangen sind überall in Europa die einst weiten Viehtriebe zwischen Sommer- und Winterweiden mit zum Teil klimatisch bedingter saisonaler Fernweidewirtschaft. Bei uns betrifft dies etwa die Wanderschäferei mit Winterbeständen in der Rheinebene oder am Bodensee und Sommerweiden in benachbarten Mittelgebirgen und den Viehtrieb zum Verkauf bis nach Paris und Wien. Ein anderes Beispiel gibt die Transhumanz in Spanien, die von heißen Zentralbereichen bis in die sommerlichen Pyrenäen und wieder zurück führt. Immer noch üblich ist der Almauftrieb von Huftieren auf Sommerweiden oberhalb der Baumgrenze im alpinen Bereich, allerdings dann meist mit winterlicher Stallhaltung.

Grasen ist besser als Rasen: Dauerbiotope mit hoher Qualität

Hinsichtlich der Artenvielfalt sowohl der den Weidetieren als Futter dienenden Pflanzen als auch ihrer Begleitfauna ist jede Form der Weide (mit Ausnahme starker Überbeweidung und nachfolgender Erosion wie etwa in der Sahelzone) den Mähwiesen hoch überlegen. Das gilt nicht nur für fünf- bis siebenmal im Jahr geschnittene blütenlose Grünzeug-Produktionsflächen, sondern auch für artenreiche, nur zweimal im Jahr gemähte naturnahe Wiesen. Durch selektiven Verbiss der Weidetiere besitzen Weiden immer einen höheren Strukturreichtum als Mähwiesen, und in stehen gelassenen Beständen – besonders den sogenannten Geilstellen (Kotablagestellen, die oft ein Jahr lang nicht begrast werden) – finden viele Insekten und Amphibien Unterschlupf und können sogar Vögel wie Lerche oder Kiebitz trotz Weidebetrieb ungestört nisten. Dagegen fallen Mähwiesen immer wieder durch »Rasur« schlagartig (heute zudem fast immer auf großer Fläche) kahl und verlieren dann praktisch jeglichen Lebensraum für ihre Bewohner. Früher, als nur kleine Flächen mit der Sense gemäht wurden, war das weniger gravierend. Da viele Weiden auch über Jahre hinweg nie eines Reinigungsschnittes und keinerlei Düngung bedürfen, sind sie im Gegensatz zu Mähwiesen Garanten für Dauerbiotope mit hoher Qualität. Hinzu kommt, dass Weidetiere aller Art sowohl mit ihren Körpern als auch mit ihrem Kot Myriaden von Insekten anlocken, die dort Lebensraum finden und vielen anderen Tieren als Nahrung dienen. So stellen sich etwa bei einer Herde von auch bei kühlem Wetter »heißen« Wasserbüffeln nicht nur Stare oder Kuhreiher ein, die auf ihren Rücken mitwandern, sondern auch Bachstelzen, Hausrotschwänze und jagende Schwalben (Zbyryt et al. 2020). Damit wird klar: Weide kann auch heute für viele Lebewesen paradiesische Verhältnisse mit sich bringen, wie sie zur Zeit von Auerochse und Wisent für unsere Auen charakteristisch waren.

Derzeit erfreulich im Bestand wieder zunehmend ist der Weißstorch, auch in vielen unserer neuen Biotope wieder regelmäßiger Brutvogel und Nahrungsgast, wo er oftmals ausreichend Nahrung findet.

auf einigen der von uns angelegten und gepflegten Magerrasen mit vielen Blütenpflanzen und großen Vorkommen der Karthäusernelke kann man in guten Jahren Hunderte von Schachbrettfaltern antreffen.

Weiden werden sicher auch in unserem Land künftig wieder deutlich zunehmen und damit auch Biotopgestaltern viele neue Möglichkeiten bieten. Fleisch dürfte noch erheblich teurer werden, als es heute bereits ist, zugleich steigt der Wunsch nach hoher Qualität. Und die ist nirgends höher als bei Weidevieh, so etwa auch beim Schwein – man denke nur an den unvergleichlich guten Schinken in Andalusien von eichelnfressenden Tieren! Auch bei uns sollte die bis ins 19. Jahrhundert weit verbreitete Waldweide in bestimmten Regionen wieder erlaubt werden, um wertvolle Biotope zu gestalten (wie z. B. früher für das Auerhuhn, Berthold 2021). Erste Ansätze dazu gibt es bereits mit Huftieren im Grindenschwarzwald im Bereich des Nationalparks, mit Schweinen im Mittleren Schwarzwald und in vielen weiteren Projekten. Auch der schon behandelte Streuobstbau sollte in Neuanlagen grundsätzlich wieder mit Beweidung gepaart werden. Weidetiere besorgen sich ihr Futter beim Begrasen selbst, während Maschinenbetrieb und Schlepperfahren zum Mähen, Wenden, Transportieren von Mähgut Unmengen an Energie kostet. Und die Klimaerwärmung macht heute schon in vielen Gebieten Dauerbeweidung rund ums Jahr möglich, sodass bei weiterer Erwärmung das Gewinnen und Lagern von Winterfutter künftig mehr und mehr an Bedeutung verlieren wird. Auch die Beweidung von Hausgärten sollte rasch wieder intensiviert werden. Statt auf einen »Psychopathenrasen« (Berthold 2017 und Berthold & Mohr 2021) unnötig Zeit und Ressourcen zu verschwenden, produzieren ein paar Schafe oder Ziegen, Kaninchen, Meerschweinchen, Hühner und sonstiges Geflügel fast »nebenbei« köstliches Fleisch und Eier, helfen Geld zu sparen und spenden Lebensfreude.

Wer für die Biotopgestaltung Weiden mit Großvieh einrichten will, sollte das nur in Absprache und Abstimmung mit Landwirten tun. Ausschließlich

Fachkundige sind in der Lage, all die gesetzlichen und sonstigen Vorgaben der Tierhaltung, -gesundheitsvorsorge, sachgemäßen Einzäunung, Versicherungen u. v. a. m. einzuhalten. Sonst kann es passieren wie vor Jahren mit der geplanten Beweidung eines Naturschutzgebietes am Bodensee unter der Regie des Ortsverbandes einer Naturschutzorganisation: Dort stand nach der begonnenen Besetzung einer Weide mit Heckrindern alsbald ein Stier auf einem benachbarten Bahngleis – und läutete damit das jähe Ende des Projektes ein!

Gut vorstellbar: Grünland-, Streuobst-, Wald- und Wildnisgebietsweiden könnten in Deutschland wieder derart zunehmen, dass sie einen bundesweiten Biotopverbund bilden könnten, von den Küsten bis in die Bergregionen und im Bereich aller Gemeinden, von Außenanlagen über alle Fluren bis in Stadtparks (SZ Redaktion 2021) und Hausgärten – eine großartige Herausforderung!

Hutweiden im Waldbereich mit einzeln stehenden Schattenbäumen waren früher weit verbreitet und könnten in der künftigen Waldwirtschaft wieder an Bedeutung gewinnen.

HOCHGESCHÄTZT

Hecken – Gold wert!

Hecken sind zumeist von Menschen angelegte, sogenannte Linienbiotope mit oft beträchtlicher Länge bei relativ geringer Breite. Natürliche Hecken kommen etwa im Bereich nicht regulierter Flussläufe vor, z. B. auf Schotterbänken, auch oberhalb der Baumgrenze entlang von Wasserläufen oder im Randbereich von Trockenrasen, wo sich Bäume nicht halten können. Der Name Hecke geht auf den althochdeutschen Begriff für »einhagen« zurück und zeigt damit an, zu welchem Zweck Hecken seit Urzeiten dienen: zum »Einzäunen« von Feldern, Viehweiden, zur Kennzeichnung von Grenzen zwischen Parzellen, früher auch als Wallhecken zur Abwehr von Feinden. Bedeutung als wichtiges Biotop mit großem Artenreichtum und als Neuanlage eigens dafür haben Hecken erst in jüngster Zeit erlangt. Ihre Hauptbestandteile sind mehr oder weniger dicht stehende und sich unterschiedlich stark verzweigende ein- oder mehrreihig angeordnete Sträucher mit oft eingestreuten Bäumen, wobei Heckenstrukturen von »locker«, »schütter« bis zu »undurchdringlich« entstehen und sich je nach Zweck gestalten lassen. Dazu kann mit eingebrachtes, stacheliges Totholz eine wichtige Rolle spielen.

Grünland- und Gäulandhecken

Je nach Höhe unterscheidet man Niederhecken (zwei bis drei Meter hoch) und Hochhecken (bis zu fünf Meter hoch), beide ausschließlich aus Sträuchern bestehend, und Baumhecken (meist Hochhecken mit in der Regel zentral eingestreuten Bäumen). Besonders bei Letzteren ergibt sich eine typische, für He-

—

Auch Berg- und Almwiesen können mit Heckengürteln umsäumt werden, wie im Bild bei Zell am See aus den 1950er-Jahren, wodurch sich Weidezäune erübrigen können.

—

Hoch aufwachsende und unten licht werdende Hecken müssen regelmäßig auf den Stock gesetzt werden (links), wobei oft wertvolles Brennholz anfällt. Ihr dichter Neuaufwuchs (rechts) belebt dann wieder die Artenvielfalt.

Leider sind auch die früher hochgeschätzten Hecken inzwischen stark zurückgegangen, in Deutschland seit etwa 1800 ähnlich wie der Streuobstbau wohl um mehr als 70 Prozent, in größeren Teilgebieten auch nahezu vollständig.

»Für die Anlage solcher Hecken eignen sich Brombeere, Faulbaum, Hartriegel, Heckenkirsche und -rose, Holunder, Liguster, Schneeball, Weide, Weißdorn u. a., für Baumhecken zudem Baumarten wie Feldahorn, Hainbuche, Eberesche, Vogelkirsche und Stieleiche.«

cken als Lebensraum optimale Zonierung: eine zentrale Kernzone mit eingestreuten Bäumen, beiderseits gefolgt von Mantelzonen mit in der Höhe variierenden Sträuchern und nach beiden Enden mit je einer Saumzone, die von niedrigen Sträuchern übergehen kann in Stauden und Kräuter.

Hecken dienten aber nicht nur als »lebende« Zäune und damit dem Einhagen oder Fernhalten etwa von Vieh bzw. unerwünschten Wildtieren, sondern sie erfüllten weitere wichtige Zwecke: Neben ihrer Funktion zur Ein- und Abzäunung wurden sie zur Futtergewinnung für Haustiere (durch Schneiteln ihrer Zweige) genutzt, zur Brennholzbeschaffung (ähnlich wie Niederwald) und zur Gewinnung von Gerberlohe.

Im nördlichen Deutschland waren vor allem sogenannte Grünlandhecken verbreitet, die Koppelhaltung von Vieh ermöglichten, Feldfluren vor Vertritt durch Vieh und vor Verbiss durch Wild schützten oder auch Schutzwände gegen Wind und Bodenerosion bildeten. In Gegenden mit regelmäßigen Starkwinden wie im Rhonetal werden solche Hecken oft auch mit eingebauten Rohrmatten verdichtet. In weiten Teilen Norddeutschlands formten Windschutz- und sonstige Hecken (»Knicks«) häufig ein regelrechtes Netzwerk um nahezu alle Fluren herum, die dann als Linienbiotope einen eigenen, beinahe lückenlosen Biotopverbund bildeten. Ein solches Hecken-Netzwerk ist in den letzten Jahrzehnten auch auf dem »Land des Friedens« von der Gabriele-Stiftung bei Würzburg eingerichtet worden (Berthold 2017). Im südlichen Deutschland überwogen Gäulandhecken, die mehr von selbst aufkamen, etwa regelmäßig auf Lesesteinriegeln, und die nur selten Netzverbund erreichten.

Gewaltiger Schwund, kaum dokumentiert

Leider sind auch die früher hochgeschätzten Hecken inzwischen stark zurückgegangen, in Deutschland seit etwa 1800 ähnlich wie der Streuobstbau wohl um mehr als 70 Prozent, in größeren Teilgebieten auch nahezu vollständig. Allerdings liegen, im Gegensatz zum

Streuobstbau keine genauen Zahlen vor. Dabei wären Hecken heute wichtiger denn je, nämlich zum Schutz unserer mineralisierten humusarmen Ackerböden gegen Winderosion und von Nutzpflanzen in Feldfluren, die im Zuge der Klimaerwärmung zunehmend unter Hitze und Trockenheit leiden. Auch zum Schutz vor Wassererosion bei Starkregen, besonders in Feldfluren mit Hangneigung und geringer Bodendeckung wie bei Maisanbau, zur Beschattung von Feldrändern, die trotz Wasserentzug durch Heckenpflanzen positive Wirkung erzielt, zur Gewinnung von Brennholz und vor allem zum Erhalt und zur Wiederbelebung von Resten unserer stark angeschlagenen Artenvielfalt könnten Hecken einen wichtigen Beitrag leisten.

Werden sie richtig angelegt und gepflegt, ist ihr Nutzen für die Artenvielfalt sehr groß. Zahlreiche Untersuchungen belegen, dass Hecken neben Hunderten von Pflanzenarten auch rund 1000 bis 1500 Tierarten Lebensraum bieten können. Ihre lang gezogene Form ermöglicht zudem vielen Tieren wie etwa Wildkatzen, in guter Deckung größere Distanzen zu überwinden (Berthold 2017). Für Zugvögel können sie Leitlinienwirkung haben (Berthold 2012).

Eine optimal angelegte Hecke in der freien Flur sollte nach meinen langjährigen Erfahrungen im Projekt »Jeder Gemeinde ihr Biotop« folgendermaßen beschaffen sein (hier kurz skizziert – ausführliche Darstellung in Berthold 2017): Sie sollte (mindestens) fünfreihig angelegt werden, wobei die Abstände benachbarter Sträucher in und zwischen den Reihen am besten durchweg anderthalb Meter betragen. Eine derartige Hecke weist dann nach etwa zehn Jahren eine Gesamtbreite von rund zehn Metern auf, mit Säumen aus Stauden und Kräutern auch mehr. Für die Anlage solcher Hecken eignen sich rund 30 einheimische Straucharten wie Brombeere, Faulbaum, Hartriegel, Heckenkirsche, -rose, Holunder, Liguster, Schneeball, Weide, Weißdorn u. a., für Baumhecken zudem Baumarten wie Feldahorn, Hainbuche, Eberesche, Vogelkirsche und Stieleiche. Bei Neupflanzungen sollten Bäume idealerweise im Innern stehen, gefolgt von hoch aufwachsenden Sträuchern wie Faulbaum oder Kreuzdorn und zum Rande hin von niedrigen und dornig-stachligen Arten wie Schlehe, Heckenrosen, Brombeeren, die sowohl Übergang zu benachbarten Fluren bilden als auch das Eindringen von unliebsamen »Störenfrieden« wie Hunden, Füchsen usw. erschweren. Solche dichten, oft nahezu undurchdringlichen Hecken bieten dann vielen Tieren sicheren Lebensraum, z. B. bis zu 70 Vogelarten, die im Innern – auch bodennah – weitgehend ungestört nisten können, ebenso wie Hasel-, Zwergmaus und andere. Leider sind derartig wertvolle Hecken bei uns selten – viele werden leider nur ein- oder zweireihig angelegt, schießen rasch in die Höhe, lichten bodennah auf und bieten kaum Nistmöglichkeiten. Wenige noch angelegte Nester werden dann rasch von Fuchs, Marder, Eichelhäher u. a. erspäht und ausgeraubt – solche Hecken sind für den Artenschutz weitgehend nutzlos.

Radikale Maßnahmen

Hecken wachsen meist sehr schnell heran und streben – besonders Baumhecken – in unserer Vegetationszone als Endzustand den Wald an. Will man sie jedoch als Hecke erhalten, hilft oft bereits schon nach etwa zehn bis 15 Jahren nur eine Radikalkur: »Auf den Stock setzen«, d. h., alles bodennah abschneiden! Über derartigen »Waldfrevel« sind zwar nicht selten sogar Naturfreunde hell entsetzt, aber diese Naturverjüngung ist das absolute Mittel der Wahl und führt zu nochmaliger Verbesserung der Hecke. Bei ihrem Absägen und -hacken empfiehlt es sich, alle Stämme, Stämmchen und dickeren Äste als Brennholz zu entnehmen. Das können bei 100 Metern Hecke gut und gern 30 Festmeter sein, heutzutage Gold wert! Die dünneren Äste sowie alle dornigen und stachligen Zweige werden – wie bei einer Benjeshecke (die in Totholz durch Sameneintrag von Vögeln entsteht) – kreuz und quer zwischen die Stöcke gelegt, sodass in der nächsten Vegetationsperiode die jungen Stockaustriebe durch sie hindurch nach oben sprossen. Dadurch entsteht ein für nahezu alle unerwünschten Heckenbesucher undurchdringlicher »Verhau«, der die Hecke bis zur nächsten Radikalkur optimal gestaltet. Bei längeren Hecken empfiehlt es sich, einzelne Abschnitte nacheinander auf den Stock zu setzen, sodass immer ausreichend intakte Hecke verfügbar bleibt.

Zum Abschluss noch folgende Hinweise: Gemäß Bundesnaturschutzgesetz dürfen Hecken außerhalb von Ortschaften nur mit »standortgerechten Gehölzen« angelegt werden (darüber geben etwa Landschaftsgärtnereien Auskunft), und sie dürfen in der Regel von März bis September nicht beschnitten werden. Letzteres gilt auch für Hecken im Garten, die meist als Niederhecken der Gestaltung dienen. Obwohl dort die Anlage auch »Exoten« erlaubt, sollte dennoch so naturnah wie möglich mit einheimischen Arten zu Werke gegangen werden – sie garantieren die höchstmögliche Artenvielfalt (Berthold 2017, Berthold & Mohr 2021). In Gärten ist jedoch, was Abstand und Höhe anbelangt, bei aller Liebe zur Natur die landesübliche Nachbarrechtsgesetzgebung zu beachten!

Zum Schluss kann ich nur dazu aufrufen: Lasst uns Hecken pflanzen, was das Zeug hält! Es ist ein unbeschreibliches Glücksgefühl, sich immer wieder

Ausgeräumte Agrarlandschaft zur Saatgutgewinnung bei Würzburg, bevor sie von der Gabriele-Stiftung in ein überaus artenreiches Land des Friedens umgewandelt wurde.

Derselbe Ausschnitt wie auf Seite 138 nach Renaturierung durch die Gabriele-Stiftung. So entstand ein landschaftliches Juwel mit Artenreichtum an Pflanzen und Tieren wie in den 1950er-Jahren – ein Paradies!

an einem Biotop zu bewegen, entlang von Hecken mit 1000, 2000 Sträuchern, die man vor zehn oder 20 Jahren mit Freunden mühevoll als Winzlinge mit der schweren Wiedehopfhaue in die Grasnarbe eingebracht, gemulcht, angegossen und anfänglich in mancher Trockenperiode durch mühsames Bewässern am Leben erhalten hat. Nicht selten erreicht sie heute zum Teil an die sieben, acht Meter Höhe und beherbergt in ihrem grünen »Urwalddickicht« zig Vogelarten mit Hunderten von Individuen, die hier in aller Ruhe singen, warnen, locken, Insekten haschen, Beeren naschen – da fühlt man sich dem Schöpfer all unserer schönen Dinge auf Erden sehr nahe!

Vielleicht kommen wir sogar wieder einmal dahin, wo wir schon einmal waren: als Mitte des 18. Jahrhunderts der Theologe (!) Johann Julius Hecker in Berlin dafür sorgte, dass das sachkundige Anlegen von Hecken Lehrbestandteil der Realschule war, einschließlich des Praktizierens im Schulgarten! Wir haben alles noch – Schulen, Schulgärten, selbst Theologen –, nur die Hecken fehlen oder sind inzwischen zu an Kunststoffgebilde erinnernde Kirschlorbeerwänden degradiert. Deshalb also nochmals: Lasst uns wieder Hecken pflanzen – sie werden der Klimaerwärmung besser trotzen als der neuartige Buschwald!

»Zahlreiche Untersuchungen belegen, dass Hecken neben Hunderten von Pflanzenarten auch rund 1000 bis 1500 Tierarten Lebensraum bieten können. Ihre lang gezogene Form ermöglicht zudem vielen Tieren wie etwa Wildkatzen, in guter Deckung größere Distanzen zu überwinden. Für Zugvögel können sie Leitlinienwirkung haben. Dichte, oft nahezu undurchdringliche Hecken bieten dann vielen Tieren sicheren Lebensraum.«

VERWANDLUNGSFÄHIG

Heiden – Paradiese am Abgrund

Heiden stellen einen Landschafts- und Vegetationstyp des Offenlandes dar – baumarm, hauptsächlich bewachsen mit niedrigen und Zwergsträuchern, meist mit Heidekrautgewächsen wie der Besenheide (Calluna vulgaris). Sie bedecken in Deutschland weniger als ein halbes Prozent der Landesfläche, kommen am häufigsten in Brandenburg vor und ursprünglich nur in den wenigen waldfreien Zonen unseres Landes wie im Bereich von küstennahen Dünen und Mooren sowie auf Hochgebirgsflächen.

Heiden im Inland sind vor allem durch menschliche Einflüsse aus Hutewald durch ungeregelte Be- und Überweidung, Hauwald-, Wurzelnutzung sowie durch Trockenlegung von Mooren hervorgegangen. Ihr Name – gleichbedeutend mit »unbebautes Land« (im Gegensatz zu urbar gemachten Böden) – weist auf ihre geringe Fruchtbarkeit und Produktivität hin. So versucht man, die durchweg auf mageren, vielfach sandigen oder humusarm-felsigen Böden anzutreffenden Fels-, Kiefern-, Sand-, Steppen- und Wacholderheiden mit anspruchslosem Vieh wie bestimmten Schafrassen (Heid-, Moorschnucken) oder auch Großtieren offen zu halten. Eine als schön empfundene Kulturlandschaft soll so bewahrt bleiben wie z. B. in der Lüneburger, Schorf- oder Döberitzer Heide und ihre Biodiversität erhalten werden. Heiden sind zwar relativ arm sowohl an Pflanzen- als auch an Tierarten, beherbergen aber einen hohen Prozentsatz an Spezialisten, die ausschließlich oder

Große Weidetiere wie Wisente (links) oder Wildpferde (rechts) können auch in großen Schutzgebieten beträchtliche Landschaftsbereiche vor Verbuschung und Bewaldung schützen, was Offenlandbewohner begünstigt.

'acholderheiden sind
ertvolle, vielerorts be-
rohte Kulturlandschaften
it reichhaltiger Tier-
nd Pflanzenwelt, die
ändig durch Beweidung
der Durchforstung offen
ehalten werden müssen.

hauptsächlich dort vorkommen. Beispiele aus dem Pflanzenreich sind etwa ganze Teppiche des Frühlingsenzians in den mit Schafen beweideten Wacholderheiden der Schwäbischen Alb und ebenso große Bestände von Erdorchideen in kalkreichen Heidegebieten vor allem Süddeutschlands. Zur beobachteten Vogelwelt zählen Arten wie Baum- und Brachpieper, Birkhuhn, Heidelerche, Raubwürger und Ziegenmelker.

Trotz ihrer geringen Verbreitung, landschaftlichen Schönheit und großen Bedeutung für seltene Pflanzen- und Tierarten verlieren wir immer noch Heideflächen durch Umwandlung in Ackerland und Wald, durch Verbuschung, aber auch infolge der Aufgabe von Truppenübungsplätzen, auf denen Panzer und anderes schweres Gerät für Offenhaltung sorgten. Erhalt von Weiden bedeutet intensive Landschaftspflege, vor allem mit Weidevieh, das jedoch wenig Ertrag bringt, sodass dessen Einsatz erheblich bezuschusst werden muss. Nicht selten wird daher die Fürsorge für Heideflächen, die aus der militärischen Nutzung fallen, Einrichtungen wie der Heinz

Sielmann Stiftung (Döberitzer, Kyritz-Ruppiner Heide) oder Naturschutzverbänden angetragen, die dann auf eigene Kosten Pflege organisieren.

Für die Zukunft der Heiden in Deutschland und für an ihnen interessierte Biotopgestalter gibt es negative und positive Aspekte zu bedenken. Negativ: Durch die fortschreitende Klimaerwärmung werden wir schon in naher Zukunft einen Großteil der charakteristischen Wacholderbestände in Wacholderheiden verlieren. Der Grund dafür sind extreme Hitzeperioden mit lang anhaltende Trockenheit, die nicht nur jahrzehntealte große und kleine Sträucher absterben lassen (z.B. im NSG Kraftstein auf der Schwäbischen Alb), sondern auch jegliche Naturverjüngung verhindern (wie vom NDR am 5.7.2022 in »Die Nordreportage« für den Haselünner Wacholderhain in Niedersachsen dargestellt). Bei großer Hitze und Trockenheit brennen die humusarmen Böden dermaßen aus, dass die aus Wacholderbeeren sprossenden Keimlinge verdorren. Im Wacholderhain versucht man, dem mit vorgezogenen Jungpflanzen zu begegnen, die dann aber mühsam gewässert werden müssen und – wie am Kraftstein zu beobachten – auch als ausgewachsene Sträucher noch verdorren können. Es ist also ein auf Dauer wohl nutzloses Unterfangen, Wacholderheiden retten zu wollen. Aber sicherlich gibt es da und dort Heidebereiche mit so günstigem Mikroklima, dass Rettungsversuche erfolgreich sein könnten. Um solche Hoffnungsträger sollte man sich rasch kümmern!

Positiv für die Entstehung neuer Heiden könnte sich die Klimaerwärmung im Bereich von Wäldern auswirken. Auf sehr trockenen Standorten dürfte der derzeitige Waldumbau nicht einmal zu Buschwald, sondern nur zu einer Art Macchie führen (im Mittelmeerraum auf früheren Waldstandorten angesiedelt, die heute mit ihren vielerlei Zwergsträuchern ebenfalls zu den Heidegebieten zählen). Da an derartig holzarmen Waldersatz-Gesellschaften Forstleute kaum Interesse haben werden, eröffnen sich für Biotopgestalter lohnenswerte Betätigungsfelder. Sie können Macchien bei uns möglichst artenreich gestalten, etwa mit Flaumeichen, Ginsterarten, Mannstreu u.v.a. – das allerdings wird ein langer, abenteuerlicher Weg.

ypische Bewohner von onnigen Heideland-chaften sind der Wärme ebende Rotrückenwürer (links) oder Neuntöter da er zahlreiche Beuteere auf Stacheln aufgepießt vorrätig hält) sowie ie Silberdistel (rechts) nd auch Wildbienen Mitte). Das Bild zeigt eine weifarbige Schneckenausbiene – einen Beohner von Grasland und chten Wäldern –, die ur Vermehrung leere chneckenhäuser bezieht, elche sie verschließt und udem mit Halmen tarnt.

SORGENKINDER

Blühwiesen, Blüh- und Ackerrandstreifen

Blühwiesen können regelrechte Paradiese sein für bis zu 1000 Pflanzenarten (Stauden, Kräuter sowie Gräser, Moose, Pilze) und rund 3000 Tierarten (von Myriaden von Wirbellosen, vor allem mit einer Fülle von Insekten wie Wildbienen, Heuschrecken, bis zu zahlreichen Vogel- und Säugetierarten) – doch nur wenn sie entsprechend angelegt und gepflegt werden. Ihre Biologie, Ökologie und heutige Problematik ist das Thema im Kapitel »Artenvielfalt«. Blühwiesen kann jedermann anlegen, der einen eigenen Garten, Streuobstbestände oder Grünland besitzt. Dabei ist wesentlich, dass sie richtig gestaltet werden – vor allem mit Saatgut möglichst vieler heimischer Blütenpflanzenarten (die z. B. die Firma Rieger-Hofmann in bester Qualität liefert).

Sodann müssen sie wiesenfreundlich bewirtschaftet werden (mit angemessener Beweidung oder auch zweimaliger Mahd im Jahr) und nur wenig oder besser gar keinen (zusätzlichen) Dünger erhalten. Derartig bewirtschaftete Wiesen bleiben über viele Jahrzehnte im ökologischen Gleichgewicht und passen sich zudem durch Mikroevolution auch an den derzeitigen Klimawandel an. So entsteht beispielsweise im Zuge der Klimaerwärmung auf sehr trockenen Standorten aus einer ursprünglichen Fett(-Flachland-Mäh)-Wiese allmählich ein Halbtrocken- bis Trockenrasen, ebenfalls blütenreich, aber mit weniger Pflanzenmasse, ohne dass man dafür gezielt etwas tun müsste. Leider sind Blühwiesen heute extrem selten geworden, fehlen in weiten Landstrichen und ganzen Kreisgebieten vollständig – bis hinauf auf die Almen unserer Berge. Gründe dafür sind zu häufiges Mähen im Jahr, Überdüngung – mit Gülle sowie Kunstdünger – und die Umwandlung in »Grünzeug-Produktionsflächen« mit zum Teil nur wenigen wuchsstarken Grasarten. Ihr Anteil sollte von derzeit weniger als einem Prozent unserer Grünflächen in Verbindung mit Viehweiden dringend wieder deutlich angehoben werden.

Ackerrand- und Blühstreifen als Saumbiotope am Rande von Äckern sollen helfen, den enormen Verlust an Artenvielfalt auf allen intensiv und vielfach wie im Raubbau betriebenen landwirtschaftlichen Nutzflächen aufzuhalten. Bei Ersteren wurden v. a. in den 1980er-Jahren schmale Randbereiche von Äckern nicht mit Herbiziden und sonstigen Pflanzenschutzmitteln behandelt in der Hoffnung, dass sich dort (wieder) Ackerwildkräuter ansiedeln (Anmerkung: von woher kommend?). Bei Letzteren versucht man seit den 1990er-Jahren im Rahmen von Agrarumweltmaßnahmen, auf schmalen Ackerrandstreifen durch Ansaat bunt blühender Pflanzenarten (auch exotischer wie der Bienenweide Phacelia) die lokale Biodiversität zu fördern.

Die schmalspurig betriebenen Projekte, die nicht einmal ein Prozent der landwirtschaftlichen Nutzflächen einbeziehen, sind in ihrer Wirkung ihrem Namen entsprechend »marginal« geblieben und haben im Wesentlichen Alibifunktion. Aufgrund ihrer geringen Größe, kurzen Lebensdauer, bescheidenen Anzahl von Pflanzenarten, leichten Zugänglichkeit für Prädatoren wie Hunde, Katzen, Füchse u. a. steht ihr Aufwand in keinem Verhältnis zur geringen Effizienz. Zwar bieten sie auch in gewissem Umfang Insekten und Kleinsäugern Lebensraum und Vögeln zeitweilig Nahrung (besonders in Form von Samen). Doch schon schlichte Brachflächen erreichen weit mehr!

Viele gut gemeinte Blühstreifen sind – wie vor einem Maisacker – zwar bunt, aber enthalten oft nur wenige bis gar keine heimischen Pflanzen, sodass sie für viele Insekten als Nahrung nur wenig taugen.

»Die schmalspurig betriebenen Projekte, die nicht einmal ein Prozent der landwirtschaftlichen Nutzflächen einbeziehen, sind in ihrer Wirkung ihrem Namen entsprechend ›marginal‹ geblieben und haben im Wesentlichen Alibifunktion. Zwar bieten sie auch in gewissem Umfang Insekten und Kleinsäugern Lebensraum und Vögeln zeitweilig Nahrung (besonders in Form von Samen). Doch schon schlichte Brachflächen erreichen weit mehr!«

Auch ein schmaler Blühstreifen aus Sonnenblumen bietet nur wenigen Arten ausreichend Lebensraum. Immerhin werden die großen Blütenscheiben von vielen Insekten besucht, und die Sonnenblumenkerne dienen etlichen Vogelarten als Nahrung.

GUT UND BILLIG

Brachen – ehedem großflächige Paradiese

Brachen und Brachfelder – für ungenutzte, unbebaute Flächen – waren noch in den 1950er Jahren geradezu ein Zauberwort für Reichtum an Leben! Heute sind sie jedoch nahezu gänzlich verschwunden, auch aus dem Sprachgebrauch. Vor allem in der mittelalterlichen Dreifelderwirtschaft diente das obligatorische Brache-Jahr zur Erholung ausgelaugter Böden, ebenso nach dem Zweiten Weltkrieg, als Düngemittel rar waren. Da sich auf Brachen ein paar Hundert Wildkräuterarten breitmachen konnten, darunter viele Schmetterlingsblütler, die mit ihren Knöllchenbakterien Luftstickstoff binden, wimmelte es zunächst in einem Blütenmeer von Insekten. Zwischen dem schütteren Bewuchs brüteten viele Arten wie Rebhuhn, Wachtel, Lerche, Pieper und sogar Rothuhn und Zwergtrappe (Berthold 2019), wie heute etwa noch im Mittelmeerraum. Später im Jahr fielen oft selbst auf nur einem Hektar Fläche Tausende von durchziehenden oder überwinternden Ammern, Finken, Girlitzen, Hänflingen u. a. ein und verzehrten die heranreifenden »Unkraut«-Samen. Wer etwa in Spanien bis in die 1970er-Jahre Brachen gesehen hat, bevor sie der modernen EU-Agrar-Politik zum Opfer fielen – mit Groß- und Zwergtrappen, bis zu acht verschiedenen Lerchenarten, dazu jagende Weihen, Blauracken, Blauelstern, Bienenfresser, Grau-, Zipp- und Zaunammern –, dem wurde klar: Brachen waren für wild lebende Tiere und Pflanzen ein Paradies auf Erden und ihr Anblick ein Hochgenuss!

Aussichtslos

Heute spielen Brachen leider nur noch eine bescheidene Rolle und bleiben ohne Auswirkung auf die Artenvielfalt. Überall preiswert verfügbarer Dünger – vor allem Kunstdünger – macht es möglich, auf Ruhenlassen von Äckern zur Regenerierung zu ver-

Von unserer inzwischen oft über Monate typisch ausgeräumten Agrarlandschaft (links) hebt sich wohltuend eine mehrjährige überaus artenreiche Brache ab – aufgenommen im süddeutschen Linzgau.

n Brachen stellen sich in der Regel rasch viele Vogelarten ein wie Lerchen, Ammern, Finken aber auch andere Tiere wie etwa Feldhasen, Wiesel oder Mäuse profitieren vom Pflanzenreichtum.

zichten und permanent anzubauen. Das z. B. 2015 in Baden-Württemberg eingeführte »Förderprogramm für Agrarumwelt, Klimaschutz und Tierwohl« (FAKT) fördert unter 40 Einzelmaßnahmen zwar auch eine »Brachebegrünung mit Blühmischungen als ökologischen Vorrangflächen«. Doch ist dieser Ansatz aufgrund der wenigen involvierten Flächen, die zudem oft wechseln, sowie der wenig wirksamen Blühmischungen nicht geeignet, die verbliebenen Reste von Artenvielfalt in unserer ausgeräumten Agrarsteppe wiederzubeleben. Und selbst diesem bescheidenen Projekt droht in Anbetracht des Ukraine-Krieges und der Weizenverknappung schon wieder das Aus.

Ich hatte das große Glück, in den letzten Jahren im Linzgau am Schlosserhof eine Brache wie in alter Zeit erleben zu können. Die Besitzer hatten eine reichlich einen Hektar große Ackerfläche einfach drei Jahre sich selbst überlassen, und in dieser Zeit siedelten sich trotz der Monokulturen ringsherum über 30 Wildkräuterarten (Klatschmohn, Kornblumen, Kamille, Disteln, Lattiche, Wicken u. a.) an, die von zahlreichen Insekten besucht wurden.

Lebendig wie nie: Brachland

Zudem brüteten spontan jährlich zwei Paare Feldlerchen, und nach der Brutzeit suchten größere Trupps von Finkenvögeln nach Nahrung. Nach einem Jahr mit Anbau einer alten Roggensorte und von Leguminosen zur Stickstoffanreicherung soll die Brache fortgesetzt werden.

Zum Schluss ein Tipp für Interessierte: eine kleine Arbeitsgruppe bilden, etwas Geld sammeln, einen Landwirt ausfindig machen, der ein paar Hektar Land zur Verfügung stellt, das für ein paar Jahre brach liegen bleibt, und sich dort in der Freizeit an einem schrittweisen Wiederaufbau von unglaublich reichhaltiger, faszinierend schöner Artenvielfalt erfreuen – für jeden realisierbar!

—
Blindschleichen bewohnen viele unserer Biotope und lieben auch schon kleine Brachflächen in unseren Hausgärten, wo sie unbehelligt von Rasenmähern auf Nahrungssuche gehen können.

—
Eine mit spezieller Aussaat von Klatschmohn und Kornblumen bestückte Brache – eine Augenweide –, aber eine größere Anzahl von Pflanzen würde die Artenvielfalt natürlich erheblich verbessern.

Vier Bilder von einer großen Brache auf dem »Land des Friedens« der Gabriele-Stiftung in Bayern, die sich in einem trockenen Jahr – 2022 – von selbst etabliert hat. Sie wird zwar sehr stark von Kamille dominiert, weist aber auch viele andere Arten wie Klatschmohn, Kornblume, Sichelmöhre, Ehrenpreis, Erdrauch u.a. auf.

REVOLTIEREND

Gärten, Parks, Friedhöfe, Sportanlagen – Oasen in der Zivilisationswüste

Im Folgenden geht es um Flächen, die von Privateigentümern, Kommunen und Vereinen gestaltet werden und damit der Berücksichtigung von Biotopeinrichtungsmaßnahmen leicht zugänglich sind. Über ihre naturnahe Gestaltung ist bereits viel geschrieben worden, daher kann ich mich hier auf Grundsätzliches beschränken und ansonsten entsprechend verweisen.

In Deutschland gibt es mehr als 15 Millionen Haus- und Schrebergärten, die mit ihren etwa 15 000 Quadratkilometern rund vier Prozent der Landesfläche ausmachen – so viel wie alle unsere Naturschutzgebiete. Würde nur ein Zehntel der Gärten naturnah bepflanzt und bewirtschaftet, könnten darin neben vielerlei Kleingetier von Insekten bis zu Igeln und Hasen an die 30 Millionen Singvogelpaare brüten – rund die Hälfte der derzeit bei uns existierenden Vögel! In unserem naturnah gestalteten Hausgarten in Billafingen (mit 500 Quadratmetern, reichlicher Hauswandbegrünung und Ganzjahresfütterung) brüteten in den letzten 40 Jahren 34 verschiedene Vogelarten, mit alljährlich zwischen zehn und 23, durchschnittlich je etwa 20 bis 25 Brutpaaren. Leider weist nur etwa ein Prozent aller Gartenanlagen optimale Bedingungen für eine hohe Artenvielfalt auf – die meisten bestehen im Wesentlichen aus einem »Psychopathenrasen«, Schotter- oder versiegelten Flächen (Berthold 2017).

Selbstversorger-Trend als wichtiger Impuls

Es steht zu erwarten, dass sich in unseren vernachlässigten, oft wie lästige Anhängsel ans Haus behandelten Gärten in Bälde einiges in Richtung Wiederbelebung tun wird – und zwar infolge der rasanten Verteuerung aller Lebensmittel, einschließlich derer, die man mit Leichtigkeit fast zum Nulltarif im eigenen Garten heranziehen kann: Gemüse und Obst. Bei weiter steigenden Preisen wird hoffentlich manchem klar werden, dass der Besitz eines jeden Quadratmeters eigenen Gartens ein Geschenk des Himmels ist, das man dankbar so gut wie möglich nutzen (oder andernfalls an Vernünftigere abtreten) sollte! Mit dieser Erkenntnis durch »heilsamen Zwang« bieten sich großartige Möglichkeiten, wieder »Oasen in der zugepflasterten Zivilisationswüste« zu schaffen. Um optimale Gemüse- und Obsterträge zu erzielen, sollten die Nutzflächen in naturnahe Bereiche eingebettet werden, die Windschutz und Beschattung vor übermäßiger Hitze ebenso garantieren wie Artenreichtum an Insekten zur Bestäubung von Nutz-

Wo ein Wille ist … ein kleiner Bienengarten in Berlin-Kreuzberg mit Beeten in alten Autoreifen. Derartiges »Urban Gardening« kann unzählige Minibiotope zur Verbesserung der Artenvielfalt schaffen.

Urban Gardening« wie
n Bild auf dem Tempel-
ofer Feld in Berlin kann
u größeren Anlagen wie in
chrebergarten-Kolonien
ihren und dann auch auf
roßen Flächen die Arten-
elfalt verbessern.

pflanzen, an Vögeln und Kleinsäugern zur natürlichen Schädlingsbekämpfung u. v. a.m. Wie man dabei richtig vorgeht, etwa alle vier bei uns vorkommenden Vegetationszonen (Bäume, Sträucher, Stauden und Kräuter) mit einbringt und vorzugsweise einheimische Arten ansiedelt, wird in einer Fülle einschlägiger Gartenratgeber aufgezeigt, von mir in zwei kurz gefassten Gesamtübersichten (»Gartengestaltung: so naturnah wie möglich«, Berthold 2017 und »Ein vogelfreundlicher Garten«, Berthold & Mohr 2021).

Begrünung öffentlicher Orte

Sollte sich der Einsatz energiefressender Maschinen weiter verteuern und Personal in Bauhöfen künftig noch knapper werden, wird auch die Pflege von Parks, und Friedhöfen zunehmend Probleme bereiten. Aber da ist Abhilfe leicht möglich: naturnahe Bepflanzung, z. B. Gruppen von Sträuchern und Blühwiesen statt englischem Rasen, Wiesen nur ein- bis zweimal im Jahr mähen oder beweiden lassen, wie in einigen Städten bereits praktiziert. Teilflächen könnte man Interessierten für »Urban Gardening« zur Verfügung stellen, wie etwa in Barcelona erfolgreich in Gang gebracht, aber auch in Deutschland – oder man könnte gar erlaubten Gemüseanbau auf aufgelassenen Gräbern (wie z. B. in Berlin, Braunschweig) betreiben. All das sind gute Wege zu erheblich mehr Artenvielfalt, die zudem viel meist sinnlos vergeudete Energie einsparen und zu beträchtlicher Verbesserung des Mikroklimas in Städten beitragen.

Aus Grau werde Grün

Viele Friedhöfe in Deutschland sind mit reichem Baumbestand, efeuberankten Mauern und zahlreichen Sträuchern nicht nur eine letzte Ruhestätte, sondern gleichzeitig Parkanlagen für Erholungssuchende sowie Lebensraum für viele Tiere, wie etwa Vogelfreunde wissen. Aber es gibt auch gerade unter jüngst angelegten Einrichtungen viele, die wie Grabfelder in der Zivilisationswüste anmuten – kahle Betonmauern, mit Herbiziden frei gehaltene Schotterwege, kaum oder gar keine Bäume. Hier sollte nachgebessert werden ebenso wie bei Sportanlagen, die nackt in der offenen Landschaft liegen wie Golfplätze im Death Valley. Gebüschgruppen, längere artenreiche Heckengürtel, bereichert durch eingestreute Bäume, Efeu-, Wein- oder andere Rankenpflanzen an kahlen Mauern – sie alle können mit wenig Aufwand ein nacktes Gräberfeld zu einem echten »Fried«hof und so manches Sportgelände heimelig machen, bei eher weniger denn mehr erforderlicher Pflege.

Für solche Maßnahmen reicht es in der Regel nicht, sich in Leserbriefen zu positionieren oder beim Rathaus vorstellig zu werden. Das Mittel der Wahl: eine kleine Arbeitsgruppe bilden, Maßnahmen entwickeln und mit dem Gemeinderat oder Sportvereinen bespre-

Mit Insektenhotels (links) – nach Anleitung sorgfältig gestaltet – lassen sich Wildbienen u. a. vermehren. Und Fassadenbegrünung (rechts) bietet vielen Tieren Unterschlupf sowie Nahrung in Form von Blüten und Beeren.

Ein immer noch recht häufiger und fleißig singender Brutvogel in unseren Siedlungen ist der Hausrotschwanz im Gegensatz zum inzwischen sehr selten gewordenen Gartenrotschwanz.

chen und dann mit der AG selbst in die Tat umsetzen! Früher gab es dafür vor allem in Städten verschiedenartige Ortsverschönerungs- und Begrünungsvereine – ihre Wiederbelebung könnte viel für die Artenvielfalt erreichen! Das Wichtigste aber wird sein, Hausgärten wieder ordentlich zu nutzen und dabei für Selbstversorgung genügend Zeit aufzuwenden.

Garten verpflichtet

Einen Garten zu besitzen und ihn dann nur als Eigentümer zu »besetzen« – sozusagen als Mitglied einer Art »finanzkräftiger Besatzungsmacht« – und dabei alle Lebensmittel von Flächen von anderswo zu beanspruchen, das ist eigentlich eine Todsünde den Millionen Menschen in aller Welt gegenüber, die ohne einen einzigen Quadratmeter Eigenbesitz hungern. Manche von ihnen müssen, etwa in Dürregebieten, Wurzeln aus Zierrasen reicher Nachbarn ausgraben, um wenigstens ein Huhn durchfüttern zu können. Bei solchem Anblick etwa in Indien, Kenia, Mexiko u. a. wird ein eigener grüner Garten schnell zum Goldschatz!

»In Deutschland gibt es mehr als 15 Millionen Haus- und Schrebergärten. Würde nur ein Zehntel der Gärten naturnah bepflanzt und bewirtschaftet, könnten darin neben vielerlei Kleingetier von Insekten bis zu Igeln und Hasen an die 30 Millionen Singvogelpaare brüten – rund die Hälfte der derzeit bei uns existierenden Vögel!

Selbst in kleinen Hausgärten kann man Igeln das Leben erleichtern durch Ruhezonen mit Altlaub und Verstecken aus Laub und Geäst. Auch das Zufüttern geeigneter Leckerbissen trägt dazu bei.

In vielen unserer Biotope, vor allem den größeren wie dem »Heinz-Sielmann-Weiher« mit seinem Umland, ist das Hermelin (oben, im Winterkleid) ständiger, wenn auch weit umherstreifender Bewohner.

Zauneidechsen (unten) kommen auch in vielen unserer kleinen Biotope bis in Hausgärten vor. Sie sollten mit speziellen Strukturen wie Steinmauern vor Katzen und Krähenvögeln geschützt werden.

Der Waldkauz ist – wie sein Name vermuten ließe – keinesfalls nur ein Waldbewohner. Er brütet auch in unseren Siedlungen und in alten Bäumen mit Höhlen oder Nistkästen durchaus auch in Hausgärten.

Auch die Ringeltaube ist im Zuge sogenannter Verstädterung in viele unserer Ortschaften eingezogen und brütet, wenn geeignete Bäume vorhanden sind, selbst in kleineren Hausgärten.

»Sollte der Einsatz energiefressender Maschinen sich verteuern und das Personal in Bauhöfen noch knapper werden, könnte man die Pflege von Parks und Friedhöfen Interessierten für ›Urban Gardening‹ überlassen.«

BIODIVERS

Vielfach genutzte Gebiete mit Potenzial

Hinter den knapp gefassten Begriffen »bewohnte«, »gewerbliche« und »für die Öffentlichkeit genutzte Gebiete« verbergen sich nicht weniger als etwa zehn Prozent unserer gesamten Landesfläche. Dazu gehören Wohnhäuser, Verkehrswege und -plätze, Gewerbe- und Industrieanlagen aller Art, aber auch Kindergärten, Schulen, Universitäten und sonstige Institute mit zum Teil riesigen Campi, ferner Krankenhäuser, Rehaeinrichtungen, Sportstätten u. a. m. Betrachtet man das Riesen-Sammelsurium an Gebäuden mit ihrem Umfeld aus der Perspektive der Biodiversität, dominieren Begriffe wie »kahl«, »öde«, »zubetoniert«, »steril« und auf alle Fälle »artenarm«. Dabei gibt es nahezu unfassbar gute Beispiele dafür, wie ganz anders man wohnen und arbeiten kann, etwa aus Singapur. Die Metropole ist auf dem besten Weg als »grünste Stadt der Welt« so einzuwachsen, dass man sie etwa vom Flugzeug aus gar nicht mehr als einen Steinhaufenkomplex von eng stehenden Gebäuden, sondern vielmehr als ein besiedeltes Regenwaldgebiet wahrnehmen wird – wie einst Inka-Siedlungen im südamerikanischen Urwald.

Dabei werden selbst Hochhäuser etagenweise aus mit Erde gefüllten Balkonen für Pflanzen bis an die reichhaltig bewachsenen Dächer hinauf begrünt. Brücken mit Sitzgelegenheiten und Springbrunnen verbinden Häuser, und in all dem Grün tummeln sich arten- und zahlreich Vögel, oft mehr als in benachbarten übernutzten Wäldern. In Süd-China entsteht zurzeit ebenfalls eine vollkommen grüne »Dschungel-Stadt«, Liuzhou, als Maßnahme gegen den Smog.

Bei uns gibt es inzwischen immerhin Ansätze zu mehr Grün in allen genannten Bereichen – aber sie sind bislang nicht mehr als erste Tropfen auf den

Sipplingen am Bodensee. Links: wenige Häuser in ausgedehnten Streuobstanlagen in den 1950er-Jahren mit Mähwiesen vor den Waldrändern. Rechts: verdichtete Siedlung in der Neuzeit.

heißen Stein. Viel zu viele unserer Krankenhäuser, Fabriken, Schulen oder Institute sehen aus, als sei kürzlich ein Wirbelsturm durchgezogen: umgeben von Ödland, kaum und wenn, dann ungepflegtes Grün, vielerorts Müll, Hundekot, ausgediente Geräte, Reste von Zäunen, verbliebene Schilder mit lächerlicher Aufschrift wie »Rasenflächen dürfen nicht betreten werden!«. Am weitesten gediehen sind bei uns systematische Renaturierungsprojekte im Bereich gewerblicher und öffentlicher Flächen (etwa mit einem Forschungsprojekt »Gewerbegebiete 4.0« an der Universität Konstanz unter der Leitung von Prof. Dr. Nicole Conrad) sowie den Ratgebern »Naturnahe Firmengelände« (Heinz Sielmann Stiftung in Hoffmann et al. 2016) und »Öffentliche und gewerbliche Grünflächen naturnah« (Aufderheide 2022). Über einschlägige Maßnahmen informieren: »Bauen im Zeichen des Klimawandels« (Glauser 2018), »Grüner wohnen« (Scholl 2018), »So wohnen wir in Zukunft« (Vorstellung »einer Stadt wie im Wald« am Beispiel wellenförmiger Terrassenhäuser von Vincent Callebaut [2020] in Paris), »Bosco verticale« – die bekannte Hochhausbegrünung in Mailand, »Urbane Waldgärten« als Projekt der Universität Potsdam, ähnliche Projekte in Berlin und Kassel, »Grüne Lunge mitten in der Stadt« in Stuttgart (ein

Blick auf einen Teil von Singapur – einer der grünsten Städte der Welt – mit Parks, begrünten Häusern und hoher Artenvielfalt im Stadtbereich.

Gebäude in der Calwer Passage mit 11 000 Pflanzen), »Praxedis-Gärten« in Singen (Hochhäuser mit Gartenanlagen einschließlich dazugehöriger Hochbeete für Gemüseanbau, vgl. Baugenossenschaft Hegau 2022). Gezielte Vorhaben werden vorgestellt in: »Grüne Fassaden gegen Feinstaub« (Wendler 2018), »Vögel am Balkon« (Schattling 2019) oder »Städte und Gemeinden gehen neue Wege in der Pflege von Grünflächen« (u. a. Beweidung mit Ziegen, vgl. SZ Redaktion 2021).

Die Auflistung beinhaltet großartige richtungsweisende Beispiele, die aber durchweg ein riesiges Manko aufweisen: Sie werden noch lange wie Nadeln im Heuhaufen sein – punktuell, man muss sie fast mit der Lupe suchen, und damit bleiben sie ohne ökologische Breitenwirkung. Bis sie bei den zögerlichen Schrittchen unserer Regierungen Effizienz erreicht haben könnten, dürfte uns die Klimaerhitzung geröstet haben. Dennoch – ein lohnendes Betätigungsfeld zwar nicht für jedermann, aber für viele, die auch über die nötigen Mittel dazu verfügen.

»Science goes green«

Abschließend soll hier ein aussichtsreiches Vorhaben behandelt werden, das rasch Raum greifen könnte, da es nicht von langsam mahlenden staatlichen Mühlen abhängig ist – das BioDiversum-Projekt der Max-Planck-Gesellschaft (MPG). Ausgehend von meinem Vortrag beim »Göttinger Literaturherbst« 2018 zum Thema »Artenschwund und Einrichtung von Archen Noahs« entschloss sich das Göttinger Max-Planck-Institut für Multidisziplinäre Naturwissenschaften, auf dem Campus »Faßberg« ein »BioDiversum« mit Teich, Blühwiesen, Bäumen und Sträuchern, Fassadenbegrünung, Nisthilfen und Ganzjahresfütterung für Vögel einzurichten.

2021 eingeweiht, liegt nun der erste Ergebnisbericht vor, in dem u. a. zu lesen ist: Bei den Vögeln wurden 2022 doppelt so viele Brutpaare registriert wie vor der Biotopgestaltung (158 gegenüber 83); bereits im ersten Frühjahr zeigte sich am Teich eine schöne Libellenvielfalt; 2022 wurden über 80 Wildbienenarten registriert – zwölf davon neu hinzugekommen. Das Projekt hat großes öffentliches Interesse geweckt, brachte Arbeit für einen zweiten Gärtner und wird bald von einem eigens dafür zuständigen

Blick auf Bosco Verticale in Mailand – ein mustergültig begrüntes Hochhaus mit reich bepflanzten Terrassen

gemeinnützigen Verein, »BioDiversum am Faßberg«, unterstützt werden. Fantastisch! Projekt und Ergebnisse – auch von ähnlichen Maßnahmen an einigen anderen Instituten der MPG – werden von der Gesellschaft in einem Leitfaden zusammengestellt, der an sämtliche 86 Institute der MPG geht mit der Aufforderung zur Nachahmung. Dazu sollen auch alle Universitäten und weitere Forschungsinstitute eingeladen werden – damit könnte eine grüne Welle »Science goes green« Hervorragendes und Beispielgebendes zur Wiederbelebung unserer Artenvielfalt beitragen! Und für alle künftigen Häuslebauer der Tipp: Wenn man darin alt werden und es vielleicht sogar noch an Nachkommen vererben möchte, dann das Haus so *tiny* wie möglich halten (und nicht auf Wohnflächen hausen von mehr als 50 Quadratmetern pro Person wie derzeit in Deutschland) und den Garten (selbstredend für naturnahe Gestaltung) so groß wie möglich anlegen. Dazu möglichst riesige Wasserspeicher vorsehen, sodass man all das selbst angebaute Gemüse und Obst bei den künftigen heißen Trockenperioden auch etliche Wochen lang hinüberretten kann. So kann auch privates Bauen nachhaltig sein!

Modernste Stadtbegrünung: der Kö-Bogen II in Düsseldorf – ein rundum mit 30 000 Hainbuchen bepflanztes Geschäftsgebäude, allerdings in Anlage und Unterhalt sehr aufwendig.

»Und für alle künftigen Häuslebauer der Tipp: Wenn man darin alt werden und es vielleicht sogar noch an Nachkommen vererben möchte, dann das Haus so *tiny* wie möglich halten (und nicht auf Wohnflächen hausen von mehr als 50 Quadratmetern pro Person wie derzeit in Deutschland) und den Garten (selbstredend für naturnahe Gestaltung) so groß wie möglich anlegen.«

89326

RETTUNGSLOS

Alpine Lebensräume – hochgradig bedroht

Ich werde oft gefragt, warum wir – meine Mitarbeiter und ich – uns nicht stärker für die Renaturierung gestörter alpiner Lebensräume einsetzen, etwa im Allgäu oder auch im südlichen Hochschwarzwald. Bisweilen werden uns dafür sogar ganz konkret Flächen angeboten, z. B. mit Gülle und Kunstdünger malträtierte Bergweiden im West- und Oberallgäu, die wieder in blütenreiche Almwiesen umgewandelt werden sollten. Wir müssen davon leider Abstand nehmen, auch wenn derzeit noch recht naturnah erhaltene Nachbarbereiche Aussicht auf Erfolg verheißen. Aber der Schein trügt. Im Zuge der rasch fortschreitenden Klimaüberhitzung wird der gesamte montan-alpine Bereich besonders hart von Umweltzerstörung betroffen sein, wie sich bereits jetzt abzeichnet. Gletscher und Eisfelder werden rasch völlig verschwinden, damit Bergbäche und Quellen auf Almen bereits im Frühsommer versiegen.

Nicht erst heuer müssen Landwirte für ihr Vieh auf den Almen vom Südschwarzwald bis weit in die Alpen hinein Wasser mühsam die Berge hochkarren, um ihre Tiere tränken zu können. Und das Vieh – früher meist auf feucht-kühlen Almen unterwegs, nicht selten mit Schneefeldern bis in den Sommer – grast auf braun verbrannten Matten, deren Futtermangel inzwischen Milch- und Fleischproduktion so stark reduziert, sodass verfrühter Almabtrieb erforderlich wird. Und das ist alles erst der Anfang!

Extreme Hitze und Sonneneinstrahlung lassen Felsen, die nach Schmelze kein Eis und Schnee mehr anhaltend schützt, künftig abstürzen oder zerbröseln, und der entstehende Schutt wird bei Starkregen in alles mit sich reißenden Muren in die Täler donnern. In trockenen Hitzeperioden werden die bislang eher kühl-feuchten, üppigen alpinen Matten ihren wenigen Humus verlieren und zu weitgehend lebensfeindlichen Schotterwüsten denaturieren. Zeitgleich kollabieren die restlichen alpinen Bergwälder und Latschenfelder. Das sind keine Prognosen – all das ist – von Ökologen lange vorhergesagt, bereits im Gange. Damit kommen sinnvolle Biotopgestaltungsmaßnahmen im alpinen Bereich an vielen Orten wohl frühestens in etlichen Tausend Jahren wieder in Betracht. Doch auch in den sich dramatisch verändernden Bergregionen werden viele Oasen mit relativ heiler Welt übrig bleiben. Aber die können nur von Ortskundigen ausfindig gemacht und eventuell durch geeignete Maßnahmen gestützt und gefördert werden.

—
Alpines Geröllfeld mit Gämsen. Nehmen dort Frost und Schneebedeckung ab, besteht die Gefahr, dass sich Teile der Halden in Form von Muren talwärts bewegen.

—
Das Schneehuhn ist angepasst an hochalpine Regionen. Die Klimaerwärmung treibt den Vogel jedoch in immer höhere Lagen und bringt ihn damit an seine Verbreitungsgrenze.

»Extreme Hitze und Sonneneinstrahlung lassen Felsen, die nach rascher Schmelze kein Eis und Schnee mehr anhaltend schützt, künftig rasend schnell zerbröseln.«

Mit dem Verschwinden von Gletschern und langlebigen Schneefeldern werden auch im Alpenraum im Sommer viele Bergbäche austrocknen, wie heute schon Viehhalter auf manchen Almen zu spüren bekommen.

Mit fortschreitender Austrocknung alpiner Bereiche werden auch viele Jungbäume im Aufwuchs schwächeln oder absterben. Und die Klimaerwärmung wird auch vielen der herrlichen im alpinen Raum vorkommenden Blütenpflanzen wie dem Blauen Eisenhut zu schaffen machen (S. 177).

Durch Austrocknung, Bergrutsche und Lawinen bei Nassschnee ist auch der alpine Bergwald zunehmend Gefahren ausgesetzt. Wo er verschwindet, verlieren viele Tierarten wie Auerhuhn (oben), Tannenhäher oder Dreizehenspecht ihren Lebensraum und viele seltene Pflanzen ihre Standorte.

VIELFÄLTIG

Kies-, Kohle-, Sand-, Tongruben und Steinbrüche – heilbare Wunden

Alle genannten, der Erdoberfläche vom Menschen zugefügten Verletzungen können hervorragende Biotope für Pflanzen und Tiere abgeben. Aus ungezählten Kiesgruben wurden Baggerseen, die wenigstens einen Teil der vielen in landwirtschaftlich genutzten Flächen als hinderlich angesehenen und daher oft verfüllten Tümpel wettgemacht haben. Soweit sie nicht als Badeseen verrummelt sind, beherbergen sie meist Artenvielfalt in einer Fülle wie natürliche Seen und Teiche. Geflutete Tagebau-Kohleabbaugebiete lassen im Osten Deutschlands ganze Seenlandschaften entstehen, oft mit einem naturnahen Umfeld, das an nacheiszeitliche Verhältnisse mit Neubesiedlung durch Pionierarten erinnert.

Musterbeispiele dafür sind die Bergbaufolgelandschaft »Sielmanns Naturlandschaft Wanninchen« im Naturpark »Niederlausitzer Landrücken« sowie die neu entstehende Binnenseenlandschaft zwischen Berlin und Dresden – Europas größte, von Menschenhand geschaffene Wasserlandschaft mit rund 25 Seen sowie Kanälen, Ödländereien und Waldparzellen. Beispiel für eine teilweise aufgelassene und mit Weihern, Tümpeln, einer Brutwand für Bienenfresser u. a. renaturierte Tongrube ist der »Tonpark Herdwangen-Schönach« im »Biotopverbund Bodensee« (Berthold & Bublitz 2013).

Sandgruben, ganz oder teilweise aufgelassen, können neben Trockenheit liebenden Pflanzen vielen Wirbellosen wie auf trockenes Gelände spezialisierten Schnecken, Insekten, Spinnen, aber auch Reptilien und einer Reihe von Vogelarten wie Uferschwalben und Bienenfressern Lebensraum bieten. So brüteten nahe meines Wohnorts Billafingen an einer gerade mal 20 Meter langen Wand einer aufgelassenen Sandgrube bereits 1982 zwei Bienenfresserpaare und zogen dort erfolgreich neun Jungvögel auf (Berthold 2003). Steinbrüche schließlich, auch wenn nur teilweise ruhend, beherbergen neben vielen gewöhnlichen Vogelarten wie Turm- bisweilen auch die seltenen Wanderfalken und Uhus.

Hürdenreich, aber lohnend

Leider sind die hier genannten Anlagen, auch wenn sie gänzlich aufgelassen werden, für private, als Einzelkämpfer tätige Biotopgestalter so gut wie nicht zugänglich. Da das Betreten von Gruben und Brüchen in aller Regel große Gefahren birgt, wird fast immer schon bei der Erteilung einer Genehmigung für ihren Betrieb geregelt, wie nach ihrer Auflassung die durch sie entstandenen Wunden wieder geschlossen werden. Dafür sind dann einschlägige Behörden und Einrichtungen verantwortlich wie zum Beispiel diverse Bergbaufolgegesellschaften. Hat sich jedoch wie im »Biotopverbund Bodensee« eine Arbeitsgruppe etabliert, die eng mit den örtlichen und überregionalen Natur-, Boden- und Wasserschutzbehörden zusammenarbeitet, kann sie auch durchaus bei der Renaturierung größerer Gruben und Brüche mitwirken, was oft mit relativ wenig Aufwand die Wiederbelebung reichhaltiger Artenvielfalt auf recht großer Fläche ermöglicht.

—
Steilufer an Flüssen oder Steilwände in Sand- und Lehmgruben (links) bieten Vogelarten wie der Uferschwalbe die Möglichkeit, Nisthöhlen zu graben (rechts). Von derartigen Biotopen profitieren auch viele Kleinlebewesen wie etwa Wildbienenarten (unten).

In Sandgruben, Hohlwegen durch Lössschichten (wie am Kaiserstuhl) u. Ä. legen die farbenprächtigen Bienenfresser (rechts) ihre Nisthöhlen am Ende von langen, selbst gegrabenen Gängen an (oben). Hier sind sie weitgehend in Sicherheit vor Nesträubern.

EINSICHTEN

Ist unsere Hilfe
für die Natur
noch möglich?

EVOLUTIONÄR

Wie jede(r) unsere Landschaften blühen lassen könnte

In meinem 2017 veröffentlichten Buch »Unsere Vögel ...« (Berthold 2017) hieß ein ähnliches Kapitel: »Was jeder sofort tun kann«. Heute – gerade mal fünf Jahre später – formuliere ich im Konjunktiv, wohl wissend, dass nahezu alle Darstellungen, Vorschläge oder gar Aufrufe zur Soforthilfe für unsere todkranke Mutter Natur im Wesentlichen für die Katz sind oder zumindest bisher waren. Die Corona-Krise, das inzwischen für jedermann sichtbar gewordene Zerbröseln aller unserer Ökosysteme auf Erden von den tiefsten Tiefen der Weltmeere bis in die höchsten Regionen unserer Hochgebirge (Berthold 2022) und damit das Schwinden sämtlicher unserer Lebensgrundlagen – was hat all das in unserer Gesellschaft bewirkt? Etwa mehr Einsicht, gar Innehalten, Umkehr, Sofortmaßnahmen zu endlich nachhaltiger Lebensführung? Mitnichten! Benzin kann so teuer werden, wie es will – aber die Staumeldungen sind an den Wochenenden trotz ruhendem Lastwagenverkehr oft länger als an Wochentagen. Nachhol-Veranstaltungen für das während Corona »endlose Leiden in Einsamkeit«, wie es viele bezeichnen, platzen landauf, landab aus allen Nähten. Überall wird dazu hingefahren, auch im Stau, geflogen oder

Schon mit wenigen Bäumen kann man seinen Jahresbedarf an Äpfeln decken, wenn man früh reifende Sorten wie den Jakob Fischer (im Bild) und spät reifende, gut zu lagernde Sorten anpflanzt.

Ein nahezu vollständig eingegrüntes kleines Haus, wie unseres in Billafingen, in einem relativ großen, naturnah gestalteten Garten bietet Lebensraum für Wildpflanzen und -tiere wie ein Naturschutzgebiet.

in schlecht funktionierenden Flughäfen, die bisweilen an Flüchtlingslager erinnern, sogar gelitten – und wenn dann all der erkämpfte Freizeitspaß überstanden ist und eigentlich »fröhliches Schaffen« angesagt wäre, droht Schlappheit, Niedergeschlagenheit und auf alle Fälle Sehnsucht nach Ruhe und Erholung. Aus der Distanz betrachtet eigentlich das Gehabe einer Horde »kranker Affen« – und das trifft es auch: eine Art Affentanz in Endzeitstimmung, ein sich Betäuben angesichts drohender Apokalypse.

Bald gibt es vielleicht kein Gas, oder wenn, dann kein Geld für Essen, keinen Flug in eine Urlaubs-Scheinwelt – dann besser tagtäglich alles ergattern und aufsaugen, was noch zu konsumieren ist: heute Fitnessstudio, morgen eine Grillparty bei Freunden, die womöglich 200 Kilometer entfernt wohnen, dann zu Oma ins Altersheim, unter Umständen auch 100 Kilometer weit, und danach womöglich zum fünften Kurzurlaub im Jahr in die Berge. Mit derartigen, im Endzeit-Delirium Veitstänze vollführenden Zeitgenossen, die längst die Mehrheit ausmachen, lassen sich beim besten Willen keine Wege zur Rettung von Restnatur finden, da ist der Zug in Richtung Selbstvernichtung bereits abgefahren.

Eine Vision

Dabei wäre eine Rettung von Mutter Natur – um im oben skizzierten Bild zu bleiben – ganz einfach. Wäre ich Kaiser von Deutschland, selbstredend ausgestattet mit starker Exekutive, verspräche ich meinem Volk: in wenigen Jahrzehnten wieder in einem blühenden Land zu leben – grün, bunt, voller Blüten, Früchte, mit überall auflebender Artenvielfalt und vor allem mit einer Nachhaltigkeit, die nicht nur Enkeln, sondern auch Ururenkeln eine Zukunft sichern würde, in guter menschlicher Gesellschaft.

Wie all das? Mit zwei Stoßrichtungen. Zum einen durch rasches Gesundschrumpfen in allen Lebensbereichen auf unseren Standard der 1950er-Jahre, also ein recht einfaches, arbeitsreiches, nicht überdrüssig belastendes, sinnerfülltes Leben, im Wesentlichen auf der eigenen Scholle, ohne globa-

»Theoretisch könnten also in unserem Land die Bewohner all ihre erforderlichen Lebensmittel auf je etwa einem Zehntel Hektar produzieren.«

les Umherschwirren. Und zum anderen durch die Einrichtung eines Paradiesgartens, in dem überall – sogar wörtlich zu nehmen – bald wieder Milch und Honig fließen würden. Und wie das?

Jede Kita, jeder Kindergarten käme obligatorisch in ein Gebäude mit großem Garten. Und dort würden nicht Fünfjährige Englisch und Chinesisch lernen, sondern Beete anlegen, Radieschen säen, Johannisbeeren pflücken, Kartoffeln ernten, in einem kleinen Teich Frösche beim Laichen beobachten, ein paar Milchschafe füttern und hautnah erleben, wie uns ein Gärtle und etliche Haustiere Gemüse, Milch und Käse, Wolle für Strickwaren, Häute für Schuhe, Taschen und köstliches Fleisch liefern. Hühner, Enten, Gänse, ein paar Kaninchen und ein Bienenvolk könnten alle im Kinderhort hausen, um unseren Nachwuchs erfahren zu lassen, was Leben überhaupt erst möglich macht. Wer so aufwüchse, würde später sicher kein schändlicher Massentierhalter und kein Raubbauer werden, der sich von einer profitgierigen Gesellschaft dazu knebeln ließe, die Existenz wild lebender Pflanzen und Tiere aus seinen gesellschaftskonformen Monokulturen zu verbannen.

Der Heimweg von der Kita, später auch von der Schule oder vom immer möglichst wohnortnahen Arbeitsplatz, führte durch Straßen, gesäumt von Apfel-, Birnen-, Kirsch- und Walnussbäumen – gepflegt von

Durch die Klimaerwärmung gedeihen nun auch bei uns prächtig Pfirsiche und Aprikosen (links), und knackig frische Äpfel wie Brettacher (rechts) lassen sich bis zwischen Weihnachten und Neujahr ernten.

Die vom Frühjahr bis zum Sommer heranreifenden Efeubeeren werden von mehr als 50 Vogelarten verzehrt und dienen auch der Jungenaufzucht. Efeu sollte deshalb in keinem Biotop oder Garten fehlen.

in allen Gemeinden tätigen Obstbaumwarten. Die Früchte wären verfügbar für jedermann wie auch die Weintrauben an der Kirchhofmauer oder Stachelbeeren am Kinderspielplatz. Häuser würden verkleinert auf sinnvolle, leicht beheizbare Wohnflächen – einen Bauboom für viele Jahrzehnte garantierend, wie ihn auch die obligatorischen Wasserspeicher versprächen. Die Gärten würden dabei vergrößert, zu einem Paradies ums Haus, wie einst die alten Bauerngärten – mit einer himmlischen Vielfalt an köstlichem Gemüse, an Beeren, Obst, einer Fülle von Grün bis aufs Dach und damit auch viel »Biotop« für liebenswerte und auch nützliche Mitbewohner wie Igel, Vögel und Insekten. Aber leider nicht nötig, das Gemälde fortzuführen über die Feldfluren, natürlich voller Hecken, mit eingestreuten Tümpeln, dazu alle Straßen und Bahnlinien wieder als Alleen, gesäumt von Obstbäumen mit herrlichen Früchten – denn ich werde kein Kaiser von Deutschland, und auch ein anderer ist nicht in Sicht.

Zukunftsfähige Konzepte

Aber dennoch: Es gibt inzwischen gute Wege in die angedachte Richtung. Banker, Industriemanager, frustrierte Macher in völlig sinnfreien »Berufen«, der modernen, in die Apokalypse rasenden, irrgläubigen Gesellschaft überdrüssig, die ihren Job an den Nagel hängen und zurückfinden zu Mutter Natur! Die irgendwo auf dem Land in ein altes Bauernhäuschen entfleuchen, mit etwas Land, das ihnen fortan ein Tischleindeckdich ist, und mit viel Freiraum für Artenvielfalt. Und dabei stellt sich rasch von selbst all das ein, was Menschsein im Einklang mit der Natur ausmacht: Bescheidenheit, Demut, Fleiß, Arbeit als erfüllend und beglückend zu empfinden und nicht als Last; Freude über jedes großgezogene Radieschen, Wertschätzung eines jeden bis zur Reife gepflegten Apfels, ab und an Fleisch als besondere Köstlichkeit zu genießen und natürlich rund ums Jahr bei all seinen Pflanzen und Tieren zu leben. Sicher ab und an

mit einer Reise, aber ohne wahnhaften Zwang nach Urlaub, der ja früher nichts als Flucht aus völlig falschem Leben war und nun geradezu Verrat an allem Gehegten und Liebgewordenen in Haus, Hof, Garten und Feld wäre.

Derartige Wege zurück zur Natur sind natürlich kein Allheilmittel, kein Rezept für die große Masse der viel zu vielen auf Erden. Aber zweierlei ist erstaunlich und lässt hoffen: Zum einen finden zurzeit immer mehr »Erleuchtete« auf ganz unterschiedlichen Wegen zurück zur Natur und zu Nachhaltigkeit. Und zum anderen tun sich tatsächlich viele neue Möglichkeiten auf – eine Art Evolution der Rückkehr zur Natur. Dazu abschließend zu diesem Kapitel ein paar Skizzen, sei es als Vorschlag oder Denkanstoß.

Das Zauberwort einer neuen, auf Arten- und Sortenvielfalt ausgerichteten Art von Hippie-Bewegung (weniger in Richtung Blumenkind, mehr im Sinne von »Kohlrabi-Freak«) heißt: Permakultur.

Damit ist die dauerhafte, nachhaltige landwirtschaftliche Kultivierung zur Selbstversorgung, praktiziert in Gärten und auf kleinen bis mittelgroßen Bauernhöfen, gemeint. Das aus Australien stammende Konzept ist längst eine ökologische Lebensphilosophie geworden, deren Grundidee Vielfalt ist, und zwar in Bezug auf Arten (auch wild lebende), Sorten, genetisch unterschiedliche Formen, ökologische Nischen sowie kulturelle Elemente wie Anbauformen unter Einbeziehung natürlicher Kreisläufe (wie Kompostierung, Luftstickstoffbindung, Optimierung des Wasserhaushaltes u. v. a. m.). Und natürlich ohne jede gentechnische Veränderung von Nutzpflanzen, die uns – einst hoch gelobt – nichts als Probleme bereitet, etwa beim Soja-Anbau in Südamerika. Dafür bringt man mehr Toleranz gegenüber im Zuge des Klimawandels vermehrt auftretenden Neophyten und Neozoen auf. So erweisen sich etwa die oft verteufelten Einwanderer Goldrute und Drüsiges Springkraut als höchst willkommene Insektenweide (auch für Honigbienen) ab dem Sommer, wenn auf unseren überstrapazierten Wiesen nahezu nichts mehr blüht (Hering 2019, Jakubzik et al 2012).

Permakultur: Trend der Zukunft

Mit Permakultur wurde das Rad nicht neu erfunden – sie wird in der definierten Art und Weise weitgehend in den seit Urzeiten von indigenen Völkern betriebenen Waldgärten praktiziert, und auch das von Ludwig Thoma liebevoll als »Heimgärteln« beschriebene Betreiben alter Bauerngärten war nichts als Permakultur im besten Sinne des Wortes. Die Uroma wusste von ihrer Uroma, wo im Hausgarten am besten Salat gedieh, auch mit wenig Humus, wo man die größten Kartoffeln zu erwarten hatte oder welcher Fruchtwechsel auch auf kleinstem Raum Ertrag bringen und Schädlingsbefall gering halten konnte. Unschätzbares Wissen für die Zukunft einer gesunden, glücklichen Menschheit, das wir im Irrsinnstaumel nach »Besserem« haben leider nahezu

—
Die Lämmer einer kleinen Schafherde (links) – leicht in Koppeln zu halten – sorgen für den Fleischbedarf einer ganzen Familie. Und ebenso liefern schon wenige Hühner (rechts) die im Haushalt benötigten Eier. Zudem sind sie liebenswerte Partner im Hausgartenbereich.

vollständig vor die Hunde gehen lassen! Immerhin wird inzwischen Permakultur sogar an einer Reihe von Hochschulen gelehrt oder in sehr sehenswerten TV-Beiträgen demonstriert (z. B. »Roots«, Arte, 8. August 2022).

Wer dazu Lust bekommt, sollte wissen: Ein in Deutschland wirtschaftender Mensch braucht gerade mal 2500 Quadratmeter landwirtschaftlich nutzbarer Fläche, um sich nach ökologisch-nachhaltigen Prinzipien ernähren zu können – einschließlich des derzeit weit übermäßigen Fleischkonsums (Wakamiya 2011). Für derzeit 83 Millionen Bürgerinnen und Bürger stünden dafür in Deutschland zwar nur 2100 Quadratmeter zur Verfügung, aber bei Reduzierung des Fleischkonsums um etwa die Hälfte würden schon 1000 Quadratmeter ausreichen, bei vegetarischer Lebensweise noch weniger. Theoretisch könnten also in unserem Land die Bewohner all ihre erforderlichen Lebensmittel auf je etwa einem Zehntel Hektar produzieren – viele unter ihnen einen Großteil davon in ihrem ohnehin vorhandenen Garten! Und wenn in Handarbeit betrieben – problemlos möglich, siehe unten –, statt ins Fitnesscenter zu fahren, käme das nicht nur Arten- und Sortenvielfalt zugute, sondern auch dem Klima durch den Einsatz von überschüssiger Energie am rechten Platz.

Ja – man könnte! Wer tatsächlich will und kann, wird schnell feststellen: Hat man über Permakultur oder »Gärteln wie früher« wieder zurück zur Natur und Selbstversorgung gefunden – was aus eigener Erfahrung neben nahezu jedem Beruf möglich ist (Berthold 2016) –, dann folgen weitere Schritte wie möglichst gesunde Ernährung, Einschränken unnötiger Fahrerei und Reiserei, wohnen, sich kleiden oder pflegen in bescheidenen, angemessenen und nicht übertrieben luxuriösen Verhältnissen wie von selbst; und all dieses Gesundschrumpfen bewirkt an ungezählten Orten unserer Erde letztlich Erhalt oder Wiederbelebung von Artenvielfalt (weniger Soja-Anbau in Südamerika, dafür geringere Vernichtung von Regenwald usw.). Ganz einfach: Heimgärteln bietet die wunderbare Möglichkeit, die menschlichen Überlebenschancen gewaltig zu vergrößern! Also: Wer kann, der sollte sich vom Könnte verabschieden.

Neben altbewährtem Gemüse wie Stangenbohnen (rechts), die Schnittgemüse und Kerne für vielerlei Speisen liefern, gedeihen nun im Zuge der Klimaerwärmung bei uns auch Wärme liebende Pflanzen wie Schwarznuss oder winterharte Feigen (links), die köstliche Früchte ausbilden.

»Ein in Deutschland wirtschaftender Mensch braucht gerade mal 2500 Quadratmeter landwirtschaftlich nutzbarer Fläche, um sich nach ökologisch-nachhaltigen Prinzipien ernähren zu können – einschließlich des derzeit weit übermäßigen Fleischkonsums. Theoretisch könnten also in unserem Land die Bewohner all ihre erforderlichen Lebensmittel auf je etwa einem Zehntel Hektar produzieren.«

AUSBLICKE

Jetzt gilt es, zu handeln!

VISIONÄR
Lichtblicke hier und da

Ohne jeden Zweifel: Noch in keinem Jahr hat sich, während des Schreibens am vorliegenden Buch, so deutlich gezeigt wie heuer – die Apokalypse unseres Planeten ist mächtig in Gang gekommen. Und sie gewinnt rasend an Fahrt, nicht nur irgendwo in Äthiopien oder Bangladesch, sondern auch bei uns – in Haus, Hof, Garten, Wald und Feld.

Die täglichen Nachrichten sind in den letzten Jahren zum Kaleidoskop sich überschlagender Horrormeldungen aus unserer gesamten Umwelt geworden – 2021 der höchste je gemessene CO_2-Anstieg in der Atmosphäre, womit ein Temperaturanstieg bis Ende des Jahrhunderts um mindestens drei Grad Celsius wahrscheinlich wird, kaum noch zu bändigende Waldbrände von Kalifornien über Portugal, Spanien, Frankreich bis Sibirien (mit der Prognose: 30 Prozent Zunahme in naher Zukunft), inzwischen auch in Brandenburg und im Grunewald. Bis August 2022 – Mitte der normalen Brandsaison – haben in Europa Brände auf fast 700 000 Hektar gewütet (einer Fläche wie nie zuvor). In Deutschland verbrannten über 5000 Hektar Wald.

Gleichzeitig gibt es Hochwasserfluten bis ins Death Valley, eines der trockensten Täler der Welt, in Florida und South Carolina tobte 2022 der zerstörerischste Hurricane aller Zeiten, das »historische Fischsterben in der Oder« führt zu rund 400 Tonnen toter Fische. Die Medien vermelden: »Felder verdorren, Städte versinken: Klimakrise Nahost« (Thomas Seibert 2019, »Die Presse«) oder »Dem Orient droht ein Klima-Exodus« (Joachim Wille 2016, Frankfurter Rundschau), dessen Dürre sogar den Ausbruch des Bürgerkrieges in Syrien 2011 mit verursacht hat (Seibert 2019). Dennoch verkünden China und Indien, erst 2060 bzw. 2070 Klimaneutralität erreichen zu wollen – bis dahin werden große Teile unserer Erde zum Grill!

Dazu passt die Nachricht vom August 2022 aus Frankreich: Dort herrschte die größte Dürre seit Beginn der Wetteraufzeichnungen – außer riesigen Ernteausfällen mit Ausmaßen nationalen Notstands sind über 200 Ortschaften ohne ausreichend eigenes Trinkwasser und müssen von außerhalb versorgt werden! Die Veröffentlichungen des Weltbiodiversitätsrates (IPBES, fast 600 Forscher aus 127 Ländern) bezeichnet die FAZ (April 2018) als »Notizen vom Untergang«: Inzwischen sind weltweit 87 Prozent der Feuchtgebiete verloren gegangen; die Zerstörung der Böden mindert die Produktivität der Welt jährlich um mindestens zehn Prozent; 25 Prozent der Landwirtschaftsfläche in der EU sind von Erosion und Verschlechterung der Bodenqualität betroffen; bis 2050 werden Landdegradierung und Klimawandel die weltweiten Ernteerträge um durchschnittlich zehn, regional um bis zu 50 Prozent reduzieren.

Eine Handvoll Horror mehr

Längst hat der heiße Brodem der fortschreitenden Erdüberhitzung auch in Deutschland Felder, Wälder, Wasserreserven und die überhitzten Körper vieler, vor allem in glühend heißen Städten hilflos schmachtender Mitbürger erreicht. Musste ich in den letzten fünf Jahren erstmals jeweils an wenigen Tagen unsere Schafweide bewässern, um die Grasnarbe bei Trockenheit und sengender Sonne vor dem

Ausbrennen zu bewahren, war dies im März und von Juli bis August 2022 bereits an 30 Tagen erforderlich, und es werden noch mehr Tage werden. Aber sie werden bald nicht mehr ohne Weiteres die dringlich erforderliche Abhilfe schaffen können, denn Anfang August war auch bei uns erstmals die Quelle auf der Weide für eine Woche versiegt, so wie es längst häufig der Fall ist in vielen Nachbarbereichen von der Rheinebene bis ins Allgäu.

Der schrumpfende Planet

Wie unter den genannten Häusern, so schrumpft unser Planet durch Austrocknung weltweit – nicht nur in Wüsten, Steppen, sondern auch auf den Nutzflächen rund um den Globus. Bildlich gut vorstellbar: wie ein in glühend heißer Sonne bei extremer Trockenheit bereits am Baum zusammenschrumpelnder Bratapfel. Kein Wunder, dass auf unserem Weg zu immer mehr Steppe, Halbwüste, Vollwüste (für Spanien z.B. für 75 Prozent der Landesfläche prognostiziert) zunehmend Artenvielfalt »verbraten« wird. Wasser wird damit eines der kostbarsten Güter der Zukunft. Monströse Wasservernichter wie die Großstädte Berlin oder München, die wie Fässer ohne Boden ihr Umland bis in den Spreewald, den Taunus bzw. das Alpenvorland trockenlegen und sich längst im Kampf ums Wasser mit ihren Nachbarregionen befinden, werden – wenn sie nicht austrocknen wollen – Radikalkuren brauchen. Sie müssen Flächen entsiegeln, aufreißen, die Stadtregion zur »Schwammstadt« machen, die jeden Tropfen Niederschlag aufsaugen und am Abfließen hindern kann, zudem jegliches Brauchwasser in einem weitgehend geschlossenen Kreislaufsystem aufbereiten, dazu riesige Speicherbecken bauen oder auch Wasser aus Meerwasser-Entsalzungsanlagen zuführen. Maßnahmen dazu laufen an, aber große Eile ist geboten.

> »Wir wirtschaften also in unserem Land blindwütend und unverbesserlich weiter wie die Axt im Walde!«

Wie weit wir es gebracht haben, zeigt der sogenannte Welterschöpfungstag (der angibt, wann die Belastungsgrenze der Erde ohne Übernutzung und bei Überschreiten der Nachhaltigkeit erreicht ist). Er fiel 2015 noch auf den 13. August, heuer schon auf den 8. August, für Deutschland aber bereits auf den 4. Mai, letztes Jahr noch auf den 5. Mai! Wir wirtschaften also in unserem Land blindwütend und unverbesserlich weiter wie die Axt im Walde!

In Bayern hat sich inzwischen eine Firma darauf spezialisiert, Häuser, die sich in verschiedenen Landesteilen bei Abfallen des Grundwasserspiegels absenken, mit Kunstharzunterfütterung wieder anzuheben (Bericht in »quer«, BR, Juli 2022)! Stehen Bäume nahe an derartigen Häusern, müssen sie gefällt werden, um Wasserverluste zu reduzieren – so sieht inzwischen dringend benötigte Begrünung von Wohngebieten aus!

»Monströse Wasservernichter wie die Großstädte Berlin, Frankfurt oder München, die wie Fässer ohne Boden ihr Umland bis in den Spreewald, den Taunus bzw. das Alpenvorland trockenlegen, werden Radikalkuren brauchen. Sie müssen Flächen entsiegeln, aufreißen, die Stadtregion zur ›Schwammstadt‹ machen, die jeden Tropfen Niederschlag aufsaugt. Es ist Eile geboten.«

Um nicht als alleinige Kassandra dazustehen, im Folgenden nur eine Handvoll Horrormeldungen aus der Feder anderer Beobachter unserer Umwelt: »Rote Liste: Abwärtstrend bei Insekten hält an« (Bundesamt für Naturschutz 2022, Anmerkung: Wo bleiben die Bienenretter?), »2020 war (wieder) ein Jahr mit dürftigem Bruterfolg u.a. für die Kohlmeise« (Life Cycle 2021), »Die Hausrotschwanz-Beobachtungen gehen beständig zurück« (Naturschutz heute 2022), »Kaum geschlüpft, schon verhungert« zu Rebhuhnküken (Kinser 2017), »Der Feldhamster droht auszusterben – weltweit« (Netz 2021), »Artensterben: Viel mehr Vogelarten ausgestorben als angenommen« (Fromm & Meiri 2021), »Droht ›stummer Frühling‹ in Jena? Vogelverluste in der Oberaue im Saaletal« (Klaus & Christner 2021), »Vogelrückgang in Europa: Auf bestem Weg zum stummen Frühling« (Krumenacker 2022), »Invasive Lausart führt zu Verödung von US-Vogelfauna« (Toenies et al. 2018) oder »Jedes zweite Kind weltweit durch Folgeerscheinungen der Klimaveränderung schon heute extrem gefährdet« (Mitteilung UNICEF vom 20. August 2021). Mit derartigen Horrormeldungen, die kein bisschen übertrieben sind, ließe sich nicht nur leicht das restliche Buch füllen, sondern mit den weltweit ständig mitgeteilten Fakten inzwischen tagtäglich ein dicker Band! Genug damit. Wir brauchen keine Warnungen mehr – die Zeit dafür haben wir ungenutzt verstreichen lassen. Jetzt gilt es zu handeln, und was da an Möglichkeiten bleibt, bedeutet zu versuchen, noch das Beste aus der bereits weit fortgeschrittenen Misere zu machen.

Wie in meinem Teleakademie-Vortrag am 16. Januar 2022 mit dem Thema »Höchste Zeit für Archen Noahs« (Berthold 2022) ausgeführt, werden durch die Klimaerhitzung gepaart mit der erwartba-

Eine einzige Kriechrose für wenige Euro kann eine ganze Garage einkleiden, und mit ihren gut fünftausend Blüten versorgt sie Heerscharen von Insekten, zudem bietet sie Verstecke und Nistplätze.

»Auf Inseln von Glückseligen, an denen ja heute schon etliche basteln, können durchaus auch Enkel von uns ein rettendes Ufer finden – und dafür sollten wir weiter an unseren Archen Noahs arbeiten.«

ren Bevölkerungsexplosion in den kommenden Jahrzehnten viele Erdenbürger auf der Strecke bleiben. Sie werden verhungern, verdursten, auf der Flucht und in riesigen Völkerwanderungen umkommen, zahllosen kriegerischen Auseinandersetzungen zum Opfer fallen oder neuartigen Erkrankungen durch global wirksame Erreger erliegen. Wie viele von uns das betreffen wird, kann – zum Glück – niemand vorhersagen. Tröstlich mag sein, dass die Menschheit wohl nicht gänzlich von der Erde verschwinden wird. Aber ob Inseln mit »Glückseligen« eher im Bereich der Aborigines in Australien, der Papua auf Neuguinea, der Nenzen in Sibirien oder von Ökobauern in der Eifel verbleiben werden, ist ebenfalls nicht zu prognostizieren. Aus diesen »Davongekommenen« könnte sich dann vielleicht – durch Schaden klug geworden – doch noch so etwas wie ein Homo sapiens entwickeln, der dann auch mit der Restnatur so umgeht, wie wir es hätten tun sollen: behutsam, sparsam, nachhaltig, demütig, dankbar.

Angenommen, unter den Davongekommenen wären ein paar unserer – also Ihrer, meiner – Enkel. Dann wäre es schon im Hinblick darauf eine höchst sinnvolle Aufgabe, für deren Zukunft so viel Reste unserer einst wunderbaren Natur wie möglich in die Zeit nach uns hinüberzuretten – unsere Restnatur schreit nach solcher Zukunft. Dafür steht dieses Buch. Und damit kommen wir nach den »finsteren Aussichten« zu den »Lichtblicken«, die uns Hoffnung geben sollten.

Tröstliches: lohnende Investitionen

Auf Inseln von Glückseligen, an denen ja heute schon etliche basteln, können durchaus auch Enkel von uns ein rettendes Ufer finden – und dafür sollten wir weiter an unseren Archen Noahs arbeiten, die dann nach Anlanden mit geretteter Artenvielfalt als Grundlage künftiges Leben wieder aufbauen könnten. Ich werde oft gefragt: Ein Biotop von ein paar Hektar für Hunderttausende von Euro einzurichten, wo nebenan immer noch die zigfache Fläche versiegelt, überbaut

Mit Fang und Beringung (individueller Kennzeichnung) lassen sich in unseren Biotopen auch von schwer zu erfassenden Kleinvögeln, wie im Bild Stieglitzen, recht genaue Bestandszahlen ermitteln.

oder übernutzt wird, lohnt sich das überhaupt, oder ist das nicht nur Onanie frustrierter Naturschützer, ein Irrweg Wohlmeinender und Gutgläubiger und eigentlich rausgeschmissenes Geld? Die Antwort ergibt sich aus folgenden Fakten und Zahlen von selbst.

Schon bei der Einrichtung unseres Erstlingswerkes im Biotopverbund Bodensee – dem Heinz-Sielmann-Weiher (HSW) – stellten sich erste Erfolge ein: Auf den Wasserlachen in der Baugrube nächtigt erstmals in der Region ein Trupp Lachmöwen, und noch während die Baggerschaufel Aushub förderte, landete auf ihr der Vertreter einer für das Gebiet neuen Vogelart: ein Wasserpieper, der nach Larven Ausschau hielt. Schon bis Ende des ersten Jahres der Flutung des frisch angelegten Weihers hatte das neue Gebiet die Vogelartenliste von bis dato 114 Arten um 23 Neuzugänge bereichert – bis heute hat sie 183 Arten erreicht – und es werden wohl bald an die 200 sein. Außerdem ist die Anzahl jährlich beobachteter Arten von etwa 50 auf über 100 angestiegen, die der Brutvogelarten pro Jahr von etwa 40 auf rund 70 und die der Brutpaare von etwa 200 auf über 300. Das beste Ergebnis: Nachdem das Gebiet seit den 1970er-Jahren 14 Brutvogelarten verloren hat, sind inzwischen 16 neue hinzugekommen (Berthold 2003 und 2018). Aber wir wollten mehr wissen.

Dafür hat 2017 eine Gruppe von Ornithologen und Vogelfreunden gemeinsam mit mir im rund zehn Hektar großen Kerngebiet des HSW und in den angrenzenden Feuchtgebieten eine Gesamtbestandserfassung vorgenommen. An 305 Tagen des Jahres wurde das Gebiet mindestens eine Stunde lang für Sicht- und Hörbeobachtungen begangen. Schwer zu erfassende Arten wurden an 148 Tagen (vom 1. Januar bis zum 31. Dezember, recht gleichmäßig über das Jahr verteilt) in Kunststoffnetzen gefangen und beringt (wobei sich 49 Netze mit einer Gesamtlänge von 336 Metern über rund ein Drittel des Untersuchungsgebietes erstreckten, vgl. Berthold 2018).

Die Ergebnisse: 2017 brüteten im Gebiet 65 Vogelarten mit 301 registrierten Brutpaaren, die sich zusammen mit ihrem Nachwuchs auf rund 2000 Individuen summierten. Mit Fang und Beringung konnten 5029 Individuen erfasst werden, zusätzlich beobachtet wurden 9321 und damit insgesamt registriert 14 350. Rechnet man hoch für das gesamte HSW-Gebiet (Berthold 2018), ergibt sich eine Min-

Bei Kleintieren wie Blutströpfchen (links) ist oft die Lupe unerlässlich zur Artbestimmung. Mit Netzfang im Dunkeln lassen sich bisweilen Raritäten erfassen wie Zwergschnepfen (rechts) in Billafingen.

destzahl von ca. 25 000 Vögeln aus insgesamt 120 beobachteten Arten. Die Anzahl ist aber sicher weit höher – bei 30 000 oder mehr anzusetzen –, da etwa Schwalben, Buch-, Grünfinken, Erlenzeisige u.a. nur zu einem Anteil erfasst werden können (Berthold 2018). Das Zwischenergebnis: Selbst von einer relativ kleinen, recht isoliert liegenden »Arche Noah« wie dem HSW im Billafinger Urstromtal profitiert eine erstaunlich große Anzahl von Vögeln vieler Arten – sei es zum Brüten, zum Rasten auf dem Zug oder als Gast aus der Umgebung zum Nahrungserwerb.

Ginge mein Traum »Jeder Gemeinde ihr Biotop« in Erfüllung und kämen so in absehbarer Zeit wenigstens an die 2500 dem HSW entsprechende neue Lebensräume zustande, könnten davon bis an die 60 Millionen Vögel profitieren – rund die Hälfte der derzeit in Deutschland noch lebenden Wildvögel (Berthold 2018). Gigantisch!

Entsprechendes gilt für Reptilien, Amphibien, Fische, das Heer der Wirbellosen und für Wildpflanzen (Berthold 2018). Fazit: Eine bessere Rendite für die Zukunft gibt es nicht, als derartige Archen Noahs wie beschrieben zu bauen! Dafür sollten wir alles einsetzen, was wir an Geld, Arbeitskraft, Know-how und gutem Willen aufbringen können – dadurch könnte der Aufschrei unserer aufs Übelste malträtierten Natur vielleicht wieder leiser werden. Eigentlich tröstlich: Wir haben trotz hereinbrechender Apokalypse noch immer vielerlei Möglichkeiten zu kurieren. Wer da noch zaudert, abrät, gar bremst oder verhindert, ist im wahrsten Sinne des Wortes von allen guten Geistern verlassen, eigentlich auch kein Mitmensch mehr, und dagegen sollten wir uns vehement wehren!

Abschließend noch ein paar ganz persönliche Anmerkungen. Alles, was ich in diesem Buch dargestellt habe, ist bis auf eine Reihe von Prognosen selbst erfahren, erlebt oder gelebt – nichts ist rein am Schreibtisch zusammentheoretisiert. Um dazu in der Lage zu sein, habe ich mehrfach großes Glück gehabt. So konnte ich die Entwicklung unserer Gesellschaft und unserer Umwelt von den paradiesischen

Gegenwärtig ist der Rotmilan im Land und in unseren Biotopen recht häufig. Er kommt jedoch nicht selten durch Windkraftanlagen zu Schaden. Hoffen wir, dass er dennoch in eine gute Zukunft fliegt!

Verhältnissen der 1950er-Jahre, als Mutter Natur noch nahezu kerngesund war, bis zur inzwischen galoppierenden Apokalypse hautnah sehenden Auges miterleben – gut 80 Jahre lang. Und zum anderen führte mich eine Reihe von glücklichen Umständen nicht geradewegs, aber schrittweise in ein regelrechtes Paradies, in dem ich heute zusammen mit meiner Frau und allerlei Getier wie in einem Garten Eden leben kann. Und das kam so.

Da ich vor allem zu Beginn meines Studiums nicht wusste, ob mein Intellekt für eine wissenschaftliche Laufbahn ausreichen würde (in meiner Familie gab es bis dato keine Akademiker, an denen ich mich hätte messen können), studierte ich »zur Vorsicht« neben Biologie auch Chemie und Geografie, um gegebenenfalls im Höheren Lehramt tätig werden zu können (Berthold 2016). Und ausgerechnet in der wenig geliebten Geografie bekam ich Kenntnis von einem Untersuchungsergebnis, das mein ganzes Leben entscheidend prägen sollte. 1960 teilte uns Professor Friedrich Huttenlocher in seiner »Siedlungsgeographie« mit, dass die geringste kleinbäuerlich betriebene Fläche in Baden-Württemberg, die damals einer vierköpfigen Familie – Eltern und zwei Kindern – gerade noch ordentliches Auskommen ermöglichte, viereinhalb Hektar betrug.

Vom Leben im Einklang mit der Natur

Da ich nach überstandener Vertreibung aus dem Sudetenland und nochmaliger Flucht aus der Ostzone, in der mir Einweisung in ein Jugendheim drohte, als Heimatloser ohnehin Sehnsucht nach etwas Grund und Boden hatte (Berthold 2016), sagte ich mir damals: Sollte ich je im Laufe meiner Tätigkeit zu einigen Ersparnissen kommen, würde ich die am besten in ein paar Hektar Land investieren. Dann hätte ich zusammen mit einer Familie, sollte die damals aufkommende Wiederaufbau-, Wachstums- und Wohlstands-Euphorie ein Ende finden, ein gesichertes Auskommen auf eigener Scholle. Es sind nur rund drei Hektar geworden – je ein Hektar Wald, Mähwiese sowie Streuobstwiese und Schafweide mit Gartenland –, aber für meine Frau, unseren Hund, mich und unseren »Livestock« (gut 10 Schafe, Hühner, bisweilen auch Gänse, Enten, Tauben) reicht es zu einem herrlichen Leben. Tagtäglich ordentlich – gesunde und nicht übermäßige – Arbeit, jeden Abend wirklich Feierabend –, mit Ausklang bei Bier, Wein, und mit viel Vorfreude auf den nächsten Arbeitstag. Der Lohn: eigentlich alles an Obst, Gemüse, Lammfleisch, Brennholz (aus dem Wald und vom Obstbaumverschnitt) im Überfluss. Und wenn es irgendwo fehlt, wird ein Stück Wiese umgebrochen und etwas mehr Land für Kartoffeln, Bohnen und Sonstiges hergerichtet – das geht auch noch mit 83.

Und Kinder? Für mich war bei all der Massenvermehrung, die unsere Biosphäre mehr und mehr vernichtet, immer klar: wenn, dann maximal zwei. Es ist bei einer Tochter geblieben, und die ist in weite Ferne entschwebt – zur Entwicklungshilfe nach Uganda. Dafür haben uns glückliche Umstände einen »Ziehsohn« beschert, der nach Abitur und kurzem Studium im Agrarbereich bei uns im Ländle auf eigenem Grund und Boden ein einfaches nachhaltiges Leben zu führen gedenkt. Und nun macht es riesigen Spaß, mit ihm zusammen unsere Ländereien auf gute Erträge auch bei erschwerten Bedingungen der Klimaerwärmung auszurichten – höchst interessante Pionierarbeit, jeden Tag.

Wer das liest und vielleicht seufzt und meint, für so etwas müsste man noch mal 20, 30 sein, dem sei gesagt: Ein Weg zurück zu Mutter Natur ist auch gut noch möglich mit 40, 50, 60, 70 – vielleicht nicht allein, sondern in einer Gruppe Gleichgesinnter, eventuell verbunden mit gegenseitiger Altersfürsorge. Es ist selten zu spät, die richtigen Erkenntnisse in die Tat umzusetzen! Für die, die wollen: Glück auf – allen Horrormeldungen zum Trotz!

QUELLENVERZEICHNIS

Aufderheide, U. (2022): *Öffentliche und gewerbliche Grünflächen naturnah*. Praxishandbuch für die Anlage und Pflege. Heinz Sielmann Stiftung (Hrsg.), Duderstadt

Baugenossenschaft Hegau (2022): *Leichtigkeit und Nachhaltigkeit vereint*. Südkurier

Berthold, P. (1973): *Fortschreitende Rückgangserscheinungen bei Vögeln: Vorboten des »Stummen Frühlings«*. Mitt. Max-Planck-Ges.: 18–33

Berthold, P. (2003): *Die Veränderung der Brutvogelfauna in zwei süddeutschen Dorfgemeindebereichen in den letzten fünf bzw. drei Jahrzehnten oder: verlorene Paradiese?* J. Ornithol. 144: 385–410 und Sonderheft mit Artbeschreibungen

Berthold, P. (2012): *Vogelzug. Eine aktuelle Gesamtübersicht*. 7. Auflage. Wiss. Buchges., Darmstadt

Berthold, P. (2016): *Mein Leben für die Vögel und meine 60 Jahre mit der Vogelwarte Radolfzell*. Kosmos, Stuttgart

Berthold, P. (2017): *Unsere Vögel – warum wir sie brauchen und wie wir sie schützen können*. Ullstein, Berlin

Berthold, P. (2018): *»Jeder Gemeinde ihr Biotop«: Wie viele Vögel könnten von diesem Projekt profitieren?* Falke 6: 38–43

Berthold, P. (2019): *Unsere einzigartige Vogelwelt. Die Vielfalt der Arten und warum sie in Gefahr ist*. Frederking & Thaler, München

Berthold, P. (2021): *Auerhuhn. Ein Urvogel verschwindet*. Kosmos, Stuttgart

Berthold, P. (2022): *Höchste Zeit für Archen Noahs. Über die Zukunft der Natur*. Vortrag Teleakademie

Berthold, P. & S. Bublitz (2013): *10 Jahre gelungene Naturschutzarbeit 2004–2013*. Jeder Gemeinde ihr Biotop. Neue Lebensräume für Tiere und Pflanzen. Biotopverbund Bodensee Broschüre 1, Heinz Sielmann Stiftung, Duderstadt

Berthold, P., G. Fliege, U. Querner & H. Winkler (1986): *Die Bestandsentwicklung von Kleinvögeln in Mitteleuropa: Analyse von Fangzahlen*. J. Ornithol. 127: 397–437

Berthold, P. & G. Mohr (2021): *Vögel füttern – aber richtig*. 5. Auflage. Kosmos, Stuttgart

Berthold, P., U. Querner & H. Winkler (1988): *Vogelschutz: 100 Jahre lang bis in die »roten Zahlen« – ein neues Konzept ist unerläßlich*. Natur Landsch. 63: 5–8

Betts, M. G., Z. Q. Yang, A. S. Hadley u. a. (2022): *Forest degradation drives widespread avian habitat and population declines*. Nat. Ecol. Evol. 6: 709–719

Bouvier, J. C., Delattre, T., Boivin, T. u. a. (2022): *Great tits nesting in apple orchards preferentially forage in organic but not conventional orchards and in hedgerows*. Agric. Ecosyst. Environm. 337: 108074

Brantner, J., S. Bublitz & N. Künkler (Hrsg., 2020): *In 10 Schritten zum Biotop*. Heinz Sielmann Stiftung, Duderstadt

Bundesamt für Naturschutz (2022): *Rote Liste: Abwärtstrend bei Insekten hält an*. Band 5, Wirbellose Tiere (Teil 3)

Callebaut, V. (2020): *Callebaut Architectures*. www.tvspielfilm.de

Ehlenbröker, J. (2021): *Vogelbeobachtung fördert Zufriedenheit älterer Menschen*. AZ-Vogelinfo 1: 36

Fromm, A. & S. Meiri (2021): *Artensterben: Viel mehr Vogelarten ausgestorben als angenommen*. J. Biogeogr. https://doi.org/10.1111/jbi.14206

Glauser, C. (2018): *Bauen im Zeichen des Klimawandels. Klimagerecht planen und bauen für Mensch und Natur*. Ornis 1: 36–39

Haarmann, K. (1985): *Zustand und Effizienz der Naturschutzgebiete in der Bundesrepublik Deutschland am Beispiel von fünfzehn »Vogelfreistätten«*. Vogelwelt 106: 216–224

Hartmann, H. (2021): *Der Wald braucht frische Wurzeln*. MaxPlanckForschung 3: 16–21

Heinze, J., H. Schumacher, K. Wolf u. a. (2022): *BiotopVerbund. Planungshilfe für Biotopverbundmaßnahmen auf kommunaler Ebene*. Heinz Sielmann Stiftung, Duderstadt

Hering, J. (2019): *Plädoyer für einen gehassten Neophyten: Staudenknöterich-Bestände Fallopia spp. als wichtiger Neststandort für Singvögel*. Vogelwarte 57: 99–114

Hoffmann, A., S. Schulz, M. Hammerl u. a. (2016): *Naturnahe Firmengelände. Erfahrungen aus der Planungspraxis*. Heinz Sielmann Stiftung, Duderstadt

Jakubzik, A., J. Cungs & K. Cölln (2012): *Blütenstände der Kanadischen Goldrute (Solidago canadensis) als Konzentrationspunkte für Bienen und Wespen (Hymenoptera Aculeata)*. Dendrocopos 39: 121–129

Jedicke, E. (1997): *Die Roten Listen. Gefährdete Pflanzen, Tiere, Pflanzengesellschaften und Biotope in Bund und Ländern*. Ulmer, Stuttgart

Kinser, A. (2017): *Kaum geschlüpft, schon verhungert! Die Deutsche Wildtierstiftung sagt, warum Rebhuhn-Küken in Deutschland kaum noch Überlebenschancen haben.* Vogelwarte 55: 256–257

Klaus, S. & A. Christner (2021): *Droht der »stumme Frühling« in Jena? Vogelverluste in der Oberaue im Saaletal.* Anz. Thüringer Ornithol. 9: 59–70

Kolb, H. (1994): *Ornitho-ökologische Untersuchungen auf exotisch und einheimisch bewaldeten Kleinflächen des Weinheimer »Exotenwaldes«.* Diss., Univ. Tübingen

Krumenacker, T. (2020): *Zwitschernde Münze. Viele Vögel in der Umgebung machen Menschen zufrieden und scheinen ihnen ebenso wichtig zu sein wie mehr Geld.* Süddeutsche Zeitung, www.pressreader.com

Krumenacker, T. (2022): *Vogelrückgang in Europa: Auf bestem Weg zum stummen Frühling.* Falke 1: 37–41

LifeCycle (2021): Report resident productivity. 7

Lucke, R. (1996): *Das Höhenobstsortiment auf dem Wartenberg. Eine fast vergessene Versuchsanlage erhielt neue Bedeutung für Streuobstbau und Selbstversorger.* Schwarzwald IV: 155–157

MaxPlanckForschung 1 (2021): *Wälder in Gefahr.* www.mpg.de/16500078

Methorst, J. & K. Böhning-Gaese (2021): *Vögel machen glücklich.* Ornis 1: 5

Mitchell, A. & J. Wilkinson (1982): *Pareys Buch der Bäume.* Parey, Hamburg, Berlin

Naturschutz heute (2022): *Stunde der Gartenvögel. Insektenfresser im Sinkflug.* www.stundedergartenvoegel.de

NDR (2022): *Wald in Deutschland.* April

Netz, H. (2021): *Tod im Kornfeld. Der Feldhamster droht auszusterben – weltweit.* Naturschutz heute 1: 44–46

Ohde, W. (2021): *NABU: Mehr Vögel pro Garten gemeldet.* AZ-Vogelinfo 8: 317

Pietschmann, C. (2015): *Bilanz im Biotop.* MaxPlanckForschung 2: 60–67

Schattling, B. (2019): *Vögel am Balkon.* Falke 8: 18–23

Scholl, I. (2018): *Grüner wohnen. Fassaden und Dächer in Lebensräume verwandeln.* Ornis 2: 6–11

Schuboth, J. & B. Krummhaar (2019): *Untersuchungen zu den Arten der Streuobstwiesen in Sachsen-Anhalt.* Ber. Landesamt Sachsen-Anhalt 2

SZ Redaktion (2021): *Städte und Gemeinden gehen neue Wege in der Pflege von Grünflächen. Der Mäheinsatz bringt positive Effekte mit sich.* Schafzucht 12: 4–5

Toenies M. J., D. A. W. Miller, R. Matthew u. a. (2018): *Invasive Lausart führt zu Verödung von US-Vogelfauna.* Condor 120: 48

Wakamiya, A. (2011): *Wie viel Fläche braucht ein Mensch um sich zu ernähren?* Landinfo 7: 44–46

Wendler, J. (2018): *Grüne Fassaden gegen Feinstaub.* Bremer Nachrichten

Zbyryt, A., T. H. Sparks & P. Tryjanowski (2020): *Weißstorch: Rinderbeweidung ist der Schlüssel zum (Jagd-)Erfolg.* Acta Oecol 104: 103544

BILDNACHWEISE

Archiv Biotopverbund Bodensee / Archiv Peter Berthold: 15, 35, 38 l., 49, 52 o., 58, 59, 64 l., 67 (2), 69 u., 71, 73, 80, 89 (2), 90 (2), 91, 107 (2), 108 r., 109, 162, 152 r., 200, 201 r., 202, 116, 117 l., 118 o., 123, 124, 126, 127, 128 u., 134 (2), 138, 139, 142, 168 l. **Archiv Peter Berthold:** S. 20, 22, 44/45 (4); 46, 114, 115, 186, 187, 188 (2), 190/191 (4), 193, 199, 206. **S. Bublitz:** S. 131. **C. & P. Fieger:** S. 130. **Gabriele Stiftung:** S. 156/157 (4). **G. Jarausch:** S. 189. **A. Hammer:** 12, 14, 48, 69 o.l. **W. Hartmann:** S. 120 M. u. l., 121 l. u. M. **J. Hemmer:** S. 31. **Th. Hepperle:** S. 117 l., 120 r., 121 r., 122 (2). **Herrmann:** S. 68 (2). **Heinz Sielmann Stiftung:** S. 23, 24 r., 25 o., 27 r., 30 (2), 39, 55, 72, 86. **J. Kübler:** S. 118 u. **C. Neumann:** S. 1. **S. Ott:** S. 21, 88. **K. Reitmeier:** S. 26. **U. Simmat:** S. 87. **M. Sindt:** S. 52 u., 64 r. **Th. Stephan:** S. 181 o.l. **A. Wagner:** S. 32, 33. **M. Widmer:** S. 27 l.

Solvin Zankl, Kiel: S. 2/3, 4 (2), 5 (2), 6/7, 9, 16, 17, 18/19, 28 l., 36, 38 r., 56, 57 (2), 62/63, 65, 66, 69 o.r., 76, 77, 78/79, 81, 83, 85, 92, 93, 96 l., 97, 98 (2), 99 u.l., 99 o.r., 100, 105, 108 l., 110, 111, 117 r., 125, 128 o., 132/133, 141, 143, 144, 145 l., 148, 152 l., 154, 155, 160 (2), 161, 164 u., 166, 175, 176 (2), 177, 179, 181 u., 183, 184/185, 194/195, 201 l.

Frank Hecker, Panten: S. 99 u.r., 145, 181 o.r.

Mauritius Images, Mittenwald: S. 145 r. (Th. Jäger).

Bildagentur Okapia, Frankfurt: S. 24 l. (H. Meyer zur Capellen); 41 (C. Braun); 42 (R. Hennemann); 53 (S. Klein); 60 (M. Schäf); 74 (H. Jegen); 94 (W. Rolfes); 95 (V. Lautenbach); 96 r. (M. Klindwort); 102 (H. Zettl); 113 (G. Rentsch); 147 (R. Dorn); 149/150 (M. Weber); 153 (B. Fischer); 165 o. (B. Zoller); 165 u. (B. Rohrschneider); 167 (Ch. Wermter); 173 (F. J. Hiersche); 178, 182 (S.-E. Arndt).

Shutterstock: S. 25 u.l., 25 u.r. (Gartenphilosophin); 28 r. (M. Ruckszio); 29 (M. Mierzejewski); 40 (T. Mills); 159 (T. Arhelger); 169 (Hit1912); 170 (Naeblys); 171 (frantic00).

Picture Alliance, Frankfurt: S. 106 (Th. Meder); 135 (Dillo); 158 (Steinberg); 168 r. (F. Kästle); 174 (Ch. Bosch).

DANK

Mein herzlichster Dank gilt meinem Weggefährten Thomas Hepperle, der mich seit der Gründung des »Biotopverbundes Bodensee« vor 20 Jahren als engster Vertrauter in allen wichtigen Fragen beraten hat. Ohne seine subtile Kenntnis von Land und Leuten als ehemaliger Direktor des Landwirtschaftsamtes und Naturschutzbeauftragter wären wichtige Projekte und das vorliegende Werk in seiner jetzigen Form nicht zustande gekommen. Mein nächstherzlicher Dank gebührt einer Reihe von weiteren emsigen Mitarbeitern, nämlich Sindy Bublitz, Bernhard Böttinger, Thomas Hahn, Hans Krumrei und Manfred Sindt sowie einer Reihe von Helfern bei Vogel-Bestandserhebungen (Berthold 2018). Für viel Bildmaterial bin ich zu Dank verpflichtet Solvin Zankl sowie der Heinz Sielmann Stiftung mit zahlreichen Mitarbeitern und anderen. Zu danken habe ich zudem der Lenkungsgruppe und dem Kuratorium des Verbundes für ständige Mitarbeit, der Sielmann Stiftung – insbesondere meinem väterlichen Freund Heinz Sielmann – sowie zahlreichen Spendern für die Bereitstellung von Mitteln und vielen Kommunen im Bodenseeraum für die von Grundstücken. Dieter Gutmann hat dankenswerterweise das Projekt sehr gefördert durch seine Hilfe bei der Entwicklung eines ersten Strategie- und Finanzierungsplanes. Weiterhin geht Dank an eine Reihe von Landschaftsplanungsbüros und Firmen für Planung und Umsetzung der inzwischen bald 150 Einzelprojekte. Mein innigster Dank gilt meiner Frau Gabriele Mohr für ständige aktive Mitarbeit bei der Projektgestaltung, die Abwicklung der Korrespondenz, das Schreiben von Manuskripten wie das des vorliegenden Buches sowie viel Aufopferung. Die Max-Planck-Gesellschaft und vor allem das Max-Planck-Institut für Verhaltensbiologie und seine Vorläufer haben dankenswerterweise die Spendengelder verwaltet und die Finanzierungen abgewickelt. Und schließlich danke ich dem Verlag und von den Mitarbeitern vor allem Joachim Hellmuth für gute, förderliche Zusammenarbeit.

»Es ist selten zu spät, die richtigen Erkenntnisse in die Tat umzusetzen! Für die, die wollen: Glück auf – allen Horrormeldungen zum Trotz!«

DER AUTOR

Professor Dr. rer. nat. Peter Berthold, international renommierter Ornithologe, Ökologe und Naturschützer, ist seit 1955 Mitarbeiter der Vogelwarte Radolfszell – jetzt Max-Planck-Institut für Verhaltensbiologie – die er viele Jahre leitete. Sein wissenschaftliches Werk umfasst über 450 Publikationen in Fachzeitschriften sowie eine Reihe von Büchern und Standardwerken. An der Universität Konstanz lehrte er im Fachbereich Biologie. Seine Hauptwerke im Naturschutz sind die Initiierung des »Biotopverbundes Bodensee« und der bundesweiten Aktion »Jeder Gemeinde ihr Biotop«.

IMPRESSUM

Verantwortlich: Joachim Hellmuth
Lektorat: Britta Mentzel
Art Direction: Peter Feierabend
Satz und Layout: Frank Behrendt
Korrektorat: Simona Fois
Dokumentation: Dorothea Sipilä, Ronja Holzinger
Umschlaggestaltung: Mathias Frisch
Illustrationen: Ina Zimmermann, Dieter Herbrecht
Repro: Ludwig:media
Herstellung: Bettina Schippel
Printed in Poland by CGS

Sind Sie mit diesem Titel zufrieden? Dann würden wir uns über Ihre Weiterempfehlung freuen.

Erzählen Sie es im Freundeskreis, berichten Sie Ihrem Buchhändler oder bewerten Sie bei Onlinekauf. Und wenn Sie Kritik, Korrekturen, Aktualisierungen haben, freuen wir uns über Ihre Nachricht an Frederking & Thaler Verlag, Postfach 40 02 09, D-80702 München oder per E-Mail an lektorat@verlagshaus.de.

Unser komplettes Buchprogramm finden Sie unter

www.frederking-thaler.de

Alle Angaben dieses Werkes wurden von den Autoren sorgfältig recherchiert und auf den neuesten Stand gebracht sowie vom Verlag geprüft. Für die Richtigkeit der Angaben kann jedoch keine Haftung übernommen werden, weshalb die Nutzung auf eigene Gefahr erfolgt. Insbesondere bei GPS-Daten können Abweichungen nicht ausgeschlossen werden. Sollte dieses Werk Links auf Webseiten Dritter enthalten, so machen wir uns die Inhalte nicht zu eigen und übernehmen für die Inhalte keine Haftung.

In diesem Buch wird aus Gründen der besseren Lesbarkeit das generische Maskulinum verwendet. Weibliche und anderweitige Geschlechteridentitäten werden dabei ausdrücklich mitgemeint, soweit es für die Aussage erforderlich ist.

EBENFALLS ERHÄLTLICH

ISBN 978-3-95416-273-4

Umschlagvorderseite: Artenreiche Blühwiese im Bayerischen Wald (Foto: Jan Haft); Mönchsgrasmücke; Prof. Peter Berthold; Feuerlibelle (Biotopverbund Bodensee).
Umschlagrückseite: Au- und Bruchwälder sind ideale Lebensräume (Solvin Zankl);
Unten: Zauneidechse (Okapia); Bläuling am Blutweiderich (Biotopverbund Bodensee); Zweifarbige Schneckenhausbiene (Solvin Zankl).

Die Deutsche Nationalbibliothek verzeichnet diese Publikation in der Deutschen Nationalbibliografie; detaillierte bibliografische Angaben sind im Internet über http://dnb.d-nb.de abrufbar.

Infanteriestraße 11a
80797 München

ISBN 978-3-95416-304-5